C000092046

Ποιήματα για αγάπη και για γ♥μήσι

Κοραλία Δημητριάδη

Μετάφραση: Κωνσταντίνα Ιωαννίδου

outside the box

Τίτλος πρωτότυπου
Love & Fuck Poems

Πρωτοεκδόθηκε το 2012 και επανεκδόθηκε το 2013, 2014
και 2023 από το Outside the Box Press
και 2016 από το Honest Publishing (UK)

Μεταφράστηκε από την Κωνσταντίνα Ιωαννίδου με την παρουσία
και τη συμβολή της συγγραφέα στη Λεμεσό, τον Ιούνη του 2014.
Σχεδιάστηκε από το Ilura Design.

Απαγορεύεται η αναδημοσίευση, η αναπαραγωγή, ολική, μερική
ή περιληπτική, ή η απόδοση κατά παράφραση η διασκευή του
περιεχομένου του βιβλίου με οποιοδήποτε τρόπο, μηχανικό,
ηλεκτρονικό, φωτοτυπικό, ηχογράφησης ή άλλο, χωρίς
προηγούμενη γραπτή άδεια του εκδότη και του συγγραφέα.

ISBN: 978-0-6457752-1-1

© Κοραλία Δημητριάδη 2012
Εκδόσεις Outside The Box Press (2023)
Honest Publishing (UK) 2016
ΑΣΤΑΜΑΝ (Cyprus) 2014

This project has been assisted by the Australian Government
through the Australian Council, its Arts Funding and Advisory Body.
Με τη στήριξη του Συμβουλίου Τεχνών Αυστραλίας.

ΕΡΓΑ ΤΗΣ ΙΔΙΑΣ

Just Give Me The Pills

«Ο θηλυκός Μπουκόφσκι.»
– Melissa Hekkers, *Cyprus Weekly*

«Η Κοραλία στηλιτεύει με τον δικό της, ιδιαίτερο ερωτικό
λόγο, τον σεξισμό, τις απαιτήσεις της κοινωνίας από τις
γυναίκες, την πίεση και τη συνύπαρξή τους με τους άντρες
μέσα σε μια πατριαρχική κοινωνία.»
– Θεοδώρα Χρυσοστόμου, *Politis*

«… λικνίζοντας τους Αντίποδες με εκφράσεις ωμής συγκίνησης.»
– Alix Norman, *Cyprus Mail*

«Είναι ανελέητη … εκπληκτική …»
– *Stage Whispers*

«Μια φωνή που απαιτει να ακουστεί.»
– *Overland Literary Journal*

«Το είδος της ειλικρίνειας που μπορεί να προκύψει μόνο μετά
από πλήγωμα, πόνο, καταπίεση και σιωπή.»
– *Disclaimer Magazine* (UK)

«Η «ανελέητη» εκπληκτική συγγραφέας των ποιημάτων.»
– *Avant Garde*

«Η Κόραλλη Δημητριάδης δεν θέλει να φτιάξει καφέ σε
κανέναν άντρα, ούτε θέλει να πλύνει κάποιο βρώμικο πιάτο.»
– Κωνσταντία Σωτηρίου, *Fractal Art*

Για την Άννα Κανναβά:
κούκλα μου μην ακούς κανένα,
απλώς γράψε ό,τι θέλεις ...
φτάνει να κάνεις και λίγο σεξ αγαπημένη ...

ΗΦΑΙΣΤΕΙΟ

Λες πως είμαι σαν ηφαίστειο
πως η ποίησή μου αναβλύζει σαν μάγμα,
αλλά υπάρχει ένα σημείο που παράβλεψες
σαν με κρατούσες γυμνή μέσα στη νύχτα

Είναι αδύνατο να ζήσεις μέσα σε ένα ηφαίστειο
Δεν μπορείς να σταθείς δίπλα σε ένα
Και τα χωριά κοντά του
αφανίζονται απ' τις εκρήξεις
Κόκκινο, οξύθυμο, αμετανόητο
το ηφαίστειο δεν δείχνει έλεος
φυσικά καλύπτει και ξανακαλύπτει
το περιβάλλον του με ζεστό πέτρινο υγρό

Υπάρχει ένα σημείο που παράβλεψες
σαν με πολεμούσες γυμνή μέσα στη νύχτα

Κανείς δεν είναι αρκετά τρελός
Να κοντέψει ένα ηφαίστειο
Και αυτοί που το κάνουν
Δεν επιβιώνουν πολύ

ΠΡΟΣΔΙΟΡΙΣΕ ΜΕ

τετραγώνισέ με.
κάρφωσε τα παλούκια,
ψηλά.

ευλόγησέ με,
με χρυσά
θυμιατά

προσευχήσου για την ψυχή μου.
προσευχήσου.

ψήσε μου,
ελληνικά αλμυρά.
θα τα συντρίψω με τη γροθιά μου.
σπλατ.

κράτησέ με,
επιδεικτικό βραβείο.
αγκίστρι,
άρπαξε το συρματόπλεγμα.

κοίτα με.
κοίτα με που αναφλέγομαι,
καίω.

σπρώξε με,
στο ιερό:
ρίξε κονφετί.
κοίτα το που πέφτει

κλείδωσέ με
άντε
κλείδωσέ με
σε κουτί

μύρισέ με.
σεξ μυρίζεις;
(μην συγχίζεσαι)

προσδιόρισέ με.
άντε.
προσδιόρισέ με.

ΚΑΝΑΔΟΣ ΠΑΤΙΝΕΡ

Από κουτί που τρεμοπαίζει
εμφανίζεσαι μπροστά μου.
Λυρικά γλιστράς,
σε εκτάσεις πάγου.
Κλασικά χορεύεις
στην αγκαλιά της – στο ρυθμό μου.

Χαμηλώνω το βλέμμα.

Με Καναδέζικη περηφάνεια γέμισέ με
απλά μια σταγόνα απ' το κόκκινο κρασί σου να γευτώ
και στα μαλακά σου άσπρα χιόνια να κυλιστώ.
Υποσχέσου μου Ολυμπιακά δαχτυλίδια
ανάμεσα σε βραχόβουνα
και υγρά φύλλα σφενδάμου.

Υποσχέσου.

Δεν μπορώ να κοιτάξω.

Δεν μπορώ να σε κοιτάζω Καναδέ πατινέρ.
Κι όμως το βλέμμα μου ανασηκώνεται και κολλά
τα δόντια μου τρίζουν στον πάγο σου –
Χόρεψε μαζί της, πήγαινε, χόρεψε,
πατινάζ με ξυράφια στη σάρκα μου
σου δίνουν το χρυσό μετάλλιο.

Θυσιάσου.
Άντε.
Κάνε ό,τι χρειαστεί,
Καναδέ πατινέρ
Ό,τι χρειαστεί.

ΟΝΕΙΡΑ

Στην ασφάλεια των ονείρων μου
κρατήσαμε ο ένας τον άλλο

Σ 'ΕΠΙΑΣΑ!

Σ' έπιασα, χα, χα.
Σε βρήκα.
Νομίζεις μπορείς να μου κρυφτείς.
Να μου κρυφτείς;
Δεν ξέρεις ποια είμαι;
Δεν θυμάσαι;

Βρήκα τη σκύλα σου στο Facebook.
Γάμησα τη σελίδα της.
Χα!
Είδα την ασχημόφατσά της.
Την φωτογραφία του γάμου.
Σκύλα.
Το προφίλ της είναι περιορισμένο.
Το Facebook όμως άλλαξε.
Ναι.
Άλλαξε.
Μπόρεσα να δω τα γκρουπ της.
Κλίκαρα και κοίτα τί βρήκα.
Σε αναγνώρισα αμέσως
η φωτογραφία στη θάλασσα.
Χα!
Νόμιζες δεν θα σε έβρισκα.
Λάθος.
Βίασα τη σελίδα σου.
Την βίασα.
Νομίζεις μπορείς να μου κρυφτείς;
Να κρυφτείς;
Θα σου δείξω.

ΔΕΣ ΕΜΕΝΑ

Δεν
με βλέπεις
βλέπεις
Το δαχτυλίδι
Το παιδί
Τη μητέρα
Τον πατέρα
ΔΕΣ ΠΙΟ ΒΑΘΙΑ
Είμαι
εγώ
Είμαι
περισσότερη
Είμαι
Δική σου

ΣΕ ΞΕΡΩ; Έχουμε γνωριστεί;
Αν όχι σ' αυτόν τον κόσμο, τότε ίσως, στον επόμενο;
Ή μήπως είναι σε μια άλλη ζωή που έχουμε κάπως
διασταυρώσει μονοπάτια
επειδή δεν μπορούμε να σταματήσουμε να μιλούμε
να υφαίνουμε
τις
σκέψεις μας
γελώντας
συναρμολογώντας
μαζί
δημιουργώντας   &   εμπνέοντας
εμπνέοντας   &   δημιουργώντας
Τα αποκαλυπτήρια έχουν μαρτυρηθεί
Βλέπεις κι εσύ τη βαρεμάρα
την απόγνωση, τα αδιέξοδα
ενέδωσες κι εσύ περνώντας τη λεπτή γραμμή
μόνο, για να βρεις τον εαυτό σου
έκπτωτο
Βλέπω την ασθένεια στα μάτια σου
σαν ωκεανούς στους οποίους ποθώ να πνιγώ
Σε πιάνει κι εσένα ανησυχία
σε καλοδεμένες μελωδίες και ριφ κιθάρας
η φωνή σου ηχεί τη μόλυνση
όπως κι εγώ, έχω γράψει τον εαυτό μου
υπόγεια

Πάρε το χέρι μου:
μαζί μπορούμε ν' ανεβούμε
από την παρεξήγηση στη μαγεία
περιπλανώμενοι   ελεύθεροι   άπιαστοι
και ο ύπνος δεν θα είναι
παρά μόνο στοιχείο της φαντασίας
Να αγκαλιάσουμε τα φρικιά
θηρία   άνθρωποι
σαν φαντάσματα και οπτασίες
να περιφερόμαστε στους δρόμους
η ασθένεια να αιωρείται στα μολυσμένα μάτια μας
καθώς θα κάνουμε εσωτερική κατάρρευση
ο ένας μέσα στον άλλο

ΤΙ ΜΕ ΑΗΔΙΑΖΕΙ

ΠΡΩΤΟΝ
Το ίδιο μου το σώμα
Το πλαστικό στο οποίο είναι τυλιγμένο

ΔΕΥΤΕΡΟΝ
Ερωτηματικές ματιές
Τα φώτα πρέπει να είναι σβηστά
για να πεθάνει η ντροπή
αλλά ακόμα υπάρχει η επαφή
το χέρι σου, με ιχνογραφεί
μια υπενθύμιση
πως είναι εκεί
πως η σάρκα υπάρχει
πως βρώμικα σώματα
μπλέκονται ανικανοποίητα

ΤΡΙΤΟΝ
Το μυαλό μου
Πατροπαράδοτη
Περιπλοκή
τα πόδια μου σταυρωμένα
τα μάτια μας
ραμμένα κλειστά
μέχρι να 'ρθει
η ώρα

ΑΠΟΣΤΑΣΗ

Στην αναγκαστική απόσταση μεταξύ μας
στις λέξεις που λέμε, ή δεν λέμε ο ένας στον άλλο
μπορώ ασφαλισμένα να σ' αγαπώ

ΝΤΕΫΛΣΦΟΡΝΤ

Υπό την προσποίηση να αναζωπυρώσουμε την αγάπη μας,
φτιάχνουμε βαλίτσες και ταξιδεύουμε, σε λιβάδια λεβάντας.
Ανάμεσα σε διαφαινόμενα ηλιόλουστα δέντρα
απλωμένα στον παγετό,
οι παιδικοί μας ψίθυροι ηχούν σε ποδήλατα,
φτιαγμένα για όνειρα.
Σκιαγραφήσαμε χάρτες, αγάπη μου,
οι φιλοδοξίες μας, κύκλωσαν τον κόσμο
για να επιστρέψουμε σε ένα κοριτσάκι
που γεννήθηκε να μιλά τη γλώσσα μας, σε τραγούδι.

Κουρασμένα πόδια παραχαϊδεύονται μέσα σε παντόφλες
πιο άσπρες κι από νυφικές προσδοκίες,
μπουρνουζαρισμένοι, πίνουμε τα βιολογικά τσάγια
της καταστροφής μας.
Μεταλλικές πηγές αναβλύζουν το σεξ σου,
η σάουνα αχνίζει το δέρμα μου,
με μάσκες, οι θεραπείες είναι πυκνές,
εξάγουν τα βακτηρίδια, μεταξύ μας.
Έμπειρα χέρια ζυμώνουν την αδιάφορη σάρκα μας,
δουλεύοντας τα κουβάρια που αρνούνται απελευθέρωση –
τα άκρα μας πιάστηκαν, στην αποξένωση.

Το δωμάτιο είναι μεγαλύτερο από το μέγεθος της καρδιάς μου,
μικρότερο από τη δική σου,
δύο όροφοι γυαλισμένα πατώματα,
ανοξείδωτο ατσάλι και δερμάτινη άνεση.

Χωρίς αυτήν, οι μισές αγκαλιές μας
εξασθενούν σε ηλεκτρονική ψυχαγωγία,
τα φιλιά μας, επισφραγισμένα, ταχυδρομικά κωδικοποιημένα
για ανεξερεύνητους προορισμούς.
Το φως του κεριού στο δείπνο μας τρεμοπαίζει
στα μεσάνυχτα των δασών,
οι ελπίδες μας στρέφονται σε προβλέψεις λευκών μαγισσών,
κι εγώ, αρνούμαι να δεχτώ τις κάρτες, αυτό που πραγματικά είναι.

Ταξιδεύουμε σπίτι. Οι εποχές, μας την έφεραν.
Παγώνουμε στο σαλόνι – η αναπνοή σου πανικοβάλλεται,
βεβιασμένος να λύσεις τον κύβο του Ρούμπικ,
ξεκολλάς τα αυτοκόλλητα.
Μαντισμένοι με απαισιοδοξία, θρηνούμε στην κηδεία,
τα δάκρυά μας παγιδευμένα,
ο χαλαζένιος θαυμασμός σου να μας γδέρνει

και τότε έρχεται, καβαλώντας το ηλιόλουστο χαμόγελό της
δείχνει, ρωτά αν βλέπουμε το ουράνιο τόξο.
Φέρνει ξύλα, ανάβει φωτιά με τα φιλιά της,
αγκαλιάζοντάς μας μαζί παρακολουθεί το χιόνι να στάζει.

Μας ζητά να την πάρουμε, σε λιβάδια λεβάντας.

Μ' ΑΓΑΠΑΣ

Μ' αγαπάς ολοκληρωτικά,
άνευ όρων
αλλά υπάρχει ένας ολάκερος

κόσμος

μέσα μου
που δεν καταλαβαίνεις

και έτσι με το να είμαι μαζί σου σημαίνει
ένα κομμάτι μου θα παραμένει πάντοτε

αναγάπητο

ΓΙΑ ΠΑΝΤΑ

Μόνο στην τελευταία μας ανάσα
εξαφανίζεται το για πάντα
μέσα στον μυστικισμό
από τον οποίο ξεφύτρωσε
και η τρομακτική σκέψη
«Γαμώτο, αυτή ήταν η ζωή μου!»
είναι ξαφνικά, άσχετη
Το κάτσιμο απέναντι
από υ π έ ρ β α ρ ο υ ς
όρκους γάμου
νύχτα τη νύχτα ξανά,
γαμήσι με το ζόρι
φαίνεται αστείο, πραγματικά,
τα παρελαύνοντα διαμάντια
κρυσταλλοποιούνται καταστροφικά
και να τα ανταλλάξεις όλα
για το γλυκό φ ι λ ί
το άγνωστο
δεν είναι τόσο φοβερό όσο

εκείνη

η τελευταία

ΤΟ ΑΤΟΜΟ ΠΟΥ ΗΞΕΡΑ,
ΔΕΝ ΥΠΑΡΧΕΙ ΠΛΕΟΝ

Δεν μπορώ να σε βρω πουθενά.
Μειώθηκες σε σκόνη, διασκορπίστηκες από εραστές
ουρλιάζεις με τους νυχτερινούς ανέμους
πάνω από μακρυνούς χειμαρρώδης ωκεανούς

Δεν μπορώ να σε βρω πουθενά.

Μάτια που έλαμπαν σαν ηλιοβασιλέματα πάνω από λιμνοθάλασσες
τώρα είναι ξέχειλα με ποτό και μπουκάλες κρασιού,
φορώντας το μαύρο σου σακάκι, πίσω από το πλήθος
στη γωνιά στάθηκες, για να μην σε δει, κανείς

Αλλά εγώ σε βλέπω

Σε είδα στη σκηνή να κατεβάζεις τη μπύρα και μετά το κρασί
να σκουντουφλάς στους στίχους, να ψηλαφάς τα πετάλια,
ιδρώνοντας το άγχος σου σε κάθε τραγούδι
κρατιόσουν από εκείνη την κιθάρα σαν να ήταν
το μόνο πράγμα που σε σώζει, από τον θάνατο

Ήθελα να ανέβω εκεί πάνω και να σε πείσω,
να σου πω ότι η εικόνα σου είναι διαφυλαγμένη στο μυαλό μου,
το πως ήσουν πριν να σε κλέψει η αγάπη,
που βοηθούσες οποιονδήποτε σου το ζητούσε,
ο τρόπος που χαμογελούσες, εκείνο το μισό χαμόγελο
με τη μια άκρη γυρισμένη προς τα πάνω

αλλά δεν ανέβηκα εκεί πάνω
ούτε καν σου μίλησα
εκτός από εκείνες τις λίγες λέξεις
μόλις σε είδα την ώρα που έφτασα
σαν κούτσουρο στη γωνιά, να πίνεις
Οι λέξεις σου ήταν δύσκαμπτες
και όταν γύρισα απ' την άλλη ήξερα
πως χάθηκες, για πάντα

εκτός από εκεί πάνω στη σκηνή
που μπορώ να ορκιστώ πως με κοίταξες
και είδα μια λάμψη από τον άντρα που με βοήθησε να ελευθερωθώ
αλλά ποτέ δεν έμαθε, ότι το έκανε

ΚΑΘΡΕΦΤΗΣ

ΚΑΘΡΕΦΤΗΣ
ΑΝΤΑΝΑΚΛΩ
Σε βλέπω
Μέσα στη
ΔΙΑΚΥΜΑΝΣΗ ΜΟΥ

ΔΙΑΦΥΛΑΞΕ ΤΟΝ ΕΑΥΤΟ ΣΟΥ

Λες πως θέλεις να διαφυλάξεις τον εαυτό σου
Είσαι πληγωμένος, είσαι τραυματισμένος
Θες να κρατήσεις τις προσωπικές μας ζωές ξεχωριστές
Και γω, η τρελή, σε κυνηγούσα με ήμαιηλ
Σε υποστήριζα, φούσκωνα το εγώ σου
Όλα αυτά καθώς με αγνοούσες
Και παραμελούσες να είσαι ευγενικός
Ούτε καν ένα γεια σου ή τα λέμε
Και γω έβρισκα δικαιολογίες
Πως πρέπει να είμαι εκεί για σένα
Γιατί είμαι καλή
Και ακόμη κι αν δεν μπορείς να δώσεις
Θα έπρεπε να δώσω
Επειδή νοιάζομαι
Πραγματικά νοιάζομαι
Για σένα
Εσύ.
Εσύ.
Εγώ.
Εγώ.
Απόψε λέω όχι
Δεν θα έρθω να σε στηρίξω
Δεν θα σου στείλω εκείνο το ήμαιηλ αύριο
Δεν στέλνω πια ήμαιηλς, τέρμα
Απόψε αποφάσισα να διαφυλάξω τον εαυτό μου
Αποφάσισα ότι θέλω να παραμελήσω να είμαι ευγενική
Ούτε καν ένα γεια σου ή τα λέμε
Για πρώτη φορά στη ζωή μου κοιτάζω τον εαυτό μου
Δεν θέλω να είμαι καλή πλέον
Κατ' ακρίβεια, θέλω να είμαι αγενής
Να πας να γαμηθείς

ΜΕΣΑ ΣΤΟ ΔΕΡΜΑ ΜΟΥ

Εκείνη τη νύχτα στο δωμάτιό σου
καθώς ανταλλάζαμε ιδέες και μουσική
όπως κάνουμε συνήθως, κάτι άλλαξε
και απορρόφησα το γέλιο σου, μέσα στο δέρμα μου

Όταν πήγα σπίτι, πήρε κάποια λεπτά
να ανοιγοκλείσω τα μάτια φέρνοντάς σε στην πραγματικότητά μου.
Θυμάμαι όταν καθόμασταν στην τάξη της δημιουργικότητας
πως πάντα έπαιρνα την πιο μακρινή θέση από τη δική σου
δεν με πείραζε να κοιτάξω κανέναν άλλο παρά εσένα στα μάτια
καθώς συζητούσαμε για Σύλβια Πλαθ και Μπουκόφσκι
μοιραζόμαστav τα ποιήματα και τις φιλοσοφίες μας
πως στο διάλειμμα κάπως έλπιζα να είσαι τριγύρω
αντί να εξαφανίζεσαι στη βιβλιοθήκη, του μυαλού σου

Με το τοπίο της καρδιάς μου τώρα εξαλειμμένο
δεν είμαι πλέον αλλουνού παρά δικιά μου
Με τα συναισθήματά μου περιφραγμένα
περιμένω την κατάλληλη στιγμή
να απλώσω για το χέρι σου,
και έστω κι αν τα δάχτυλά σου
αδιάφορα γλυστρίσουν προς τα κάτω
δεν θα φοβηθώ την πτώση
γιατί ξέρω ότι ασφαλισμένα θα προσγειωθώ
στο μαξιλάρι της φιλίας μας

Εκείνη τη νύχτα στο δωμάτιό σου
καθώς ανταλλάζαμε ιδέες και μουσική
όπως κάνουμε συνήθως, κάτι άλλαξε
και σε κοίταξα ίσια στα μάτια
Σε ήθελα να έρθεις πιο κοντά
μέχρι τον φράχτη που με περιβάλλει
γιατί είσαι ψηλός αρκετά για να κοιτάξεις μέσα
αλλά απλώς στεκόσουν εκεί και χαμογελούσες
ευγενικός και ανυποψίαστος για τα αισθήματά μου
διαχωρισμένοι από τον φράχτη της φιλίας μας
κι εγώ απλώς ήμουν εκεί, γνέφοντας καταφατικά
απορροφώντας το γέλιο σου
μέσα στο δέρμα μου

ΟΙ ΟΥΟΓΚ* ΑΝΤΡΕΣ

Έχω τόσο ξεπεράσει τους ουόγκ άντρες και τις
κομφορμιστικές τους τάσεις
Θέλω έναν τύπο Αυστραλό χωρίς σταλιά κουλτούρα

* Ουογκ: Η λέξη «wog» χρησιμοποιείται στην Αυστραλία για να
περιγράψει μετανάστες μεσογειακής καταγωγής (καθομιλουμένη)

ΜΟΛΙΣ ΤΩΡΑ ΓΝΩΡΙΣΤΗΚΑΜΕ

Καθόμαστε σ' ένα μπαρ, πίνουμε
Και μες στη συζήτηση, μου ρίχνεις ένα πλατύ χαμόγελο
Και ξέρω τι σκέφτεσαι
Συναισθήματα διάπλατα ανοιχτά, είμαι έτοιμη
Μόλις τώρα γνωριστήκαμε, και ήδη
Σε φαντάζομαι μέσα μου
Να μου διαπερνάς απόλαυση
Μπορεί να σου φαίνομαι πρόθυμη, λίγο έντονη
Δεν πειράζει
Δεν πειράζει ποιος είσαι, πραγματικά
Ο δικός μου ανώνυμος ξένος
Άπλωσε το χέρι σου στο μωλωπιασμένο μου δέρμα
Έλα να γυμνωθούμε, κάτω από τα στρώματα του μυαλού μο

ΝΤΕΪΒΟ

Έλα Ντέιβο, πού χάθηκες, Ντέιβο, πού χάθηκες;
Σε σκεφτόμουνα ρε φίλε
αλλά πρέπει να σ'αφήσω
Είναι τρέλα, το ξέρω
δεν μιλούμε καν στο τηλέφωνο!
Περιμένοντας ένα ήμαιηλ απ' το άγνωστο
Μερικές φορές αναρωτιέμαι, αν είσαι τελείως μόνος εκεί έξω,
σου δίνουν καμιά ελπίδα τα μηνύματά μου;

Είναι τρέλα, το ξέρω
γιατί βρεθήκαμε μόνο για ένα λεπτό,
μόνο για να ανταλλάξουμε ένα εισιτήριο από το ebay
είχες μετακομίσει στη Μελβούρνη την προηγούμενη μέρα,
και η ντροπαλότητά σου ήταν τόσο ντελικάτη
η χειραψία σου λεία και ανυπέρβλητη
οι λέξεις σου απαλές αρκετά για να επιβραδύνουν τον χρόνο
είπες καμιά φορά να πάμε για καφέ χαλαρά
αλλά μετά έπρεπε να τρέξεις και να κρυφτείς

Είμαι σίγουρη πως αν βγαίναμε έξω καμιά φορά θα τα βρίσκαμε
αν γαμώτο με συναντούσες για ένα λεπτό μονάχα
ναι, έγινα ανυπόμονη και σου 'πα στο διάολο
αν μπορούσα να παλέψω τον εαυτό μου θα με κλωτσούσα

Και πραγματικά μόνο εμένα έχω για φταίχτη
τα συναισθήματά μου σίγουρα πρέπει να δαμαστούν
και για όσο ξέρω σίγουρα κάποιο παιχνίδι παίζεις
έτσι προτιμώ αν είναι μια απ' τα ίδια να κάνω ένα βήμα πίσω
και σύντομα πιθανόν θα έχεις ξεχάσει ακόμη και τ' όνομά μου
θα σε προσπεράσω καταλάθος στους δρόμους του Μπράνσγουικ

και αναρωτιέμαι αν όλα αυτά είναι παιχνίδι δύναμης
γιατί πραγματικά πρέπει να ηρεμήσει η ψυχή μου
Ντέιβο, σε σκεφτόμουνα ρε φίλε
αλλά σοβαρά, σοβαρά, πρέπει να σε αφήσω

ΝΟΜΙΖΩ ΤΕΛΕΙΩΣΑΜΕ

Νομίζω τελειώσαμε πριν αρχίσουμε
Αλλά είναι εντάξει, έχω βρεθεί σ' αυτό το σημείο πολλές φορές
Είμαι μια περίπλοκη, νευρωτική ποιήτρια με παιδί
κι εσύ ένας εντάξει τύπος, εύκολα προσβάσιμος
για την έξυπνη ξανθιά στο τέρμα του δρόμου

Συγγνώμη για την ενόχληση, καλή τύχη, ό,τι καλύτερο

ΚΑΛΥΤΕΡΟΙ ΦΙΛΟΙ

Ταξιδέψαμε τον κόσμο μαζί
ανεβήκαμε τα σκαλιά της εκκλησίας μαζί
δημιουργήσαμε την κόρη μας μαζί
μεγαλώσαμε μαζί
Αιώνια ένα, χαραγμένο στις βέρες μας

Αιώνια ένα

Το χέρι μου ακόμα τρέμει σαν κρατώ το τηλέφωνο
Η εξομολόγησή σου μου πήρε τη γη κάτω απ' τα πόδια
αίσθηση εμετού σπρώχνει προς τα πάνω
τα χέρια μου ψάχνουν λέξεις για να κρατηθούν
αλλά δεν υπάρχουν, δεν υπάρχει τίποτα μόνο δάκρυα
η σκοτεινιά του αγνώστου εμβρόντητη από κάτω μου
και ξέρω, η πτώση θα διαρκέσει για πάντα
«Μην τολμήσεις να την αφήσεις να αγγίξει την κόρη μου!» φωνάζω.
«Είναι η κόρη μου, είναι η κόρη μου,
γαμώτο είναι η κόρη μου!»

Ο χωρισμός μας τυλίγεται γύρω απ' τον λαιμό μου, απάνθρωπο θηρίο
μητέρα, πατέρας, παιδί, διαμελισμένοι από
αφύσικους ανθρώπινους παράγοντες
και τώρα γαμάς τη μνήμη μας με αυτήν τη γυναίκα
η μυρωδιά της πάνω στα σεντόνια του γάμου μας, βιάζει το δέρμα μου
βαμμένα νύχια τραβούν τις κουβέρτες της αγάπης μας
η πρώτη μας επαφή μπλεγμένη στο νήμα
λούζεσαι μαζί της κάτω από τα δάκρυά μας
μέσα στο σπίτι μας, το πρώτο μας σπίτι

ο τέλειος λευκός ξύλινος φράχτης
πίνεις κρασί μαζί της στο τραπέζι της κουζίνας μας
εκεί που μάθαμε την κόρη μας να τρώει,
αγκαλιάζεσαι μαζί της στον καναπέ
σβήνοντας την ταινία της ζωής μας
«Δεν μετακόμισα καν όλα μου τα πράγματα,» ψιθύρισα.

«Το νυφικό μου είναι ακόμη στην ντουλάπα.»
Είμαι ακόμη στην ντουλάπα.

Όταν έφυγες για τη δουλειά πακέταρα τα πράγματά μου
χωρίζοντας φωτογραφίες και κάρτες,
κλαίγοντας και πακετάροντας, πακετάροντας και κλαίγοντας
η ζωή μου αιμορραγεί από ανάμεσα στα πόδια μου
ένα φόρτωμα στο αυτοκίνητο, πίσω στο σπίτι μου και πίσω ξανά,
στο πατρικό να κλέψω ένα φιλί από την κόρη μας
καθώς έπαιζε με τον παππού,
παρακολουθώντας την Ωραία Κοιμωμένη
με ρωτά αν μπορώ να τη φιλήσω στα χείλη σαν πρίγκηπας.

Παρουσιάζω στη μάμμα το φόρεμα του γάμου,
το άσπρο χάρτινο φέρετρο:

Νυφικό Σίνθια Μπρικς με κρύσταλλα
κρεμ μετάξι, πιασμένο στη μια πλευρά με λουλούδι,
μωβ τούλι να εξέχει απ' έξω
ο αληθινός μου εαυτός κρυμμένος κάτω από
στρώματα αντικαταθλιπτικών
είχα ένα γάμο αλά ελληνικά και οι γονείς μου
ήταν οι πιο ευτυχισμένοι γονείς στον κόσμο.

Λέω στη μάμμα πως θα το πουλήσω στο ebay,
η μάμμα, παίρνει το φέρετρο, λέει το φόρεμα είναι δικό της
ότι αυτή το πλήρωσε, παρακολουθώντας την
να το παίρνει στο δωμάτιό της
να συρθεί εκεί μέσα, να κοιμηθεί για όλη την αιωνιότητα
«Η ζωή μου ετέλειωσε,» είπε
«Έβαλές με στον τάφο.»

Όταν επέστρεψες σπίτι από τη δουλειά
δεν είχα τελειώσει το πακετάρισμα
Ρώτησες αν θα μου πάρει ώρα και είπα
«Γιατί, περιμένεις κάποιον;»
Και όταν δεν απάντησες σου είπα
«Τηλεφώνησέ της και πες της πως αν έρθει
μέσα στο σπίτι μου θα τη σκοτώσω και θα σκοτώσω κι εσένα.»
«Δεν είναι το σπίτι σου πλέον,» μου απάντησες.
Σου έδωσα πίσω τα κλειδιά.
«Μην ανησυχείς,» σου είπα,
«θα φύγω απ΄τα πόδια σου σύντομα
και μετά θα μπορείς να τη γαμήσεις στο κρεβάτι μας.»

Καλύτεροι φίλοι
Ταξιδέψαμε τον κόσμο μαζί
ανεβήκαμε τα σκαλιά της εκκλησίας μαζί
δημιουργήσαμε την κόρη μας μαζί
μεγαλώσαμε μαζί
Το βράδυ που τηλεφώνησες να μου το πεις
είπες ότι πάντα θα αγαπούμε ο ένας τον άλλο
Αλλά το μόνο πράγμα που άκουσα ήταν το κάρφωμα
του προτελευταίου καρφιού στην προσυσκευασμένη αγάπη μας

ΤΟ ΠΟΛΥΑΝΑΜΕΝΟΜΕΝΟ ΡΑΝΤΕΒΟΥ ΓΙΑ ΚΑΦΕ

Καθώς βγαίνει έξω στην απειλητική νύχτα
ξέρει ότι εκείνος θέλει κάτι περισσότερο απ' αυτήν
οπόταν τον οδηγά στο στενό δρομάκι
εκεί στα πλακόστρωτα που συναντιούνται τα χαμένα κορμιά
τα χείλη τους αγγίζονται απαλά
τα χέρια γλιστρούν κάτω στο δέρμα
η γλώσσα του τώρα στο στόμα της
χείλη ανοιχτά, αισθήσεις φουντωμένες
και ξέρει πως δεν
θα πάει σπίτι, απόψε

Είναι σκοτεινά όταν μπαίνουν στο σπίτι του
γρήγορα κλείνει την πόρτα
και την ακουμπάει στον τοίχο
μια απότομη κίνηση στη φούστα της
της κατεβάζει το βρακί
την εντοπίζει με την πούτσα του
και ήδη είναι μέσα
αναστενάζοντας με ανακούφιση και έκσταση
αυτό το γαμήσι μήνες καθυστερημένο
οι παλάμες της χτυπούν στον τοίχο
περιπλέκει τα δάχτυλά του με τα δικά της

Κινείται σιγά μέσα της
τα χείλη και η γλώσσα του στο αυτί της
φεύγει το ένα χέρι για να αγγίξει τον εαυτό της
αλλά το χέρι του γρήγορα ακολουθεί

της λέει να τον αφήσει να το κάνει αυτός
αλλά σπρώχνει το χέρι του
γιατί κοντεύει τώρα
και απλώς θα την καθυστερήσει, θα το καταστρέψει
το κέρατό μου! βρίζει
γιατί πρέπει να τα ελέγχεις όλα;
Απ᾽ τη στιγμή που γνωριστήκαμε!
Γιατί δεν μ᾽ αφήνεις να σε γαμήσω;
Γιατί δεν μ᾽ αφήνεις να σε γαμήσω

ΦΩΤΟΓΡΑΦΙΑ ΓΑΜΟΥ

Μια μεγάλη, κορνιζαρισμένη, με γυαλί καλυμμένη εικόνα
πάνω στον τοίχο των γονιών μου
να μην κατεβεί ποτέ
έστω κι αν οι άνθρωποι μέσα της, έχουν πεθάνει

Κάθομαι μόνη στο καλό σαλόνι των γονιών μου
και κλαίω γι' αυτούς, γιατί ξέρω
δεν θα τους ξαναδώ ποτέ
ακόμα κι αφού θα έχω φύγει εγώ

Τόση ζωή στα μάτια τους
ανάμεσα στους κήπους των παραδείσων
Δεν πιστεύω ότι έχουνε φύγει στ' αλήθεια
Τους θέλω πίσω

Ίσως τα πράγματα να ήταν διαφορετικά
εαν μπορούσα να τους μιλήσω
την ημέρα του γάμου τους, ή σύντομα μετά.

Σιγά που θα με άκουγαν,
τόσο γεμάτοι με αγάπη και ζωή.
Τίποτα δεν θα μπορούσε να τους σταματήσει
Ήταν τόσο μικροί όταν παντρεύτηκαν,
είκοσι δύο μόνο, όλη τους η ζωή μπροστά τους

Οι γάμοι είναι κάπως αστείοι
μια πλούσια, γυαλιστερή φωτογραφία που εμπερικλείει μια ένωση
Αλλά είναι η αγάπη που απαθανατίζεται ή ο μύθος;

Και είναι κάθε νύφη και γαμπρός
προορισμένοι για τον ίδιο θάνατο
που κι εγώ, η ίδια, υπέφερα;

Μια μεγάλη, κορνιζαρισμένη, με γυαλί καλυμμένη εικόνα
πάνω στον τοίχο των γονιών μου
Μια εκθαμβωτική εικόνα της νιότης μου
Πεθαμένη, απροσέγγιστη
Αλλά ποτέ ξεχασμένη

ΜΑΚΙΓΙΑΖ

Καλύτερα να φορέσω το μακιγιάζ μου

αλλιώς μπορεί

να με δει

ΣΠΡΩΞΕ ΔΙΑΜΕΣΟΥ

Ζώντας τη ζωή μου με το κινητό δίπλα μου
περιμένοντας τον χτύπο να με εκπλήξει και να με εμπνεύσει
τρέχοντας στη βουβωνική χώρα του κάθε φιλικού ξένου
η αίσθηση που με συναρπάζει, ο πόθος και ο κίνδυνος
κάτω βαθιά σε μια τρύπα που έσκαψα εγώ μόνη μου
ένα ήμαιηλ ή ένα μύνημα να με ανεβάζει σε μέρη άγνωστα
και το χαμόγελό μου να είναι τόσο τέλειο και τόσο ωραίο
άλλες αδέσμευτες γυναίκες θα ενθουσιάζονταν και θα χαίρονταν
τον βρήκα, ναι τον βρήκα, ο άντρας των ονείρων μου
μαζί θα τρέχουμε σε ηλιοβασιλέματα και όνειρα
χέρια περιπλεγμένα, σώματα συγκρουόμενα
το υγρό δέρμα θα γλιστρά, ωχ τόσο θεϊκό
χτυπώντας την κεφαλαριά του κρεβατιού
στον ταπετσαρισμένο τοίχο του μυαλού μου
χτυπώντας και χτυπώντας σε απολαύσεις της νύχτας
το θέλω να χυθεί και το σφίξιμό σου τόσο δυνατό
αναμνήσεις ξαναμμένες και οι σκέψεις λαβύρινθος
θα φτιάξω ολόκληρη ιστορία, δεν θα το πιστεύεις
δεν θα χρειαστεί να μιλήσεις, ή να πεις κάτι, πραγματικά...
είμαι ειδική σ' αυτό, θα δεις σύντομα, πραγματικά...

Ζώντας τη ζωή μου με το κινητό δίπλα μου
περιμένοντας τον χτύπο να με εκπλήξει και να με εμπνεύσει
ο φίλος ή ο εχθρός, το τελευταίο γαμήσι να με ελευθερώσει
θέλοντας την αλήθεια τους και το δέρμα τους τόσο κοντά
οτιδήποτε αλήθεια να με σταματήσει από το να βλέπω

Ειδωλοποιώντας τους συναισθηματικά μη διαθέσιμους
επενδύοντας σε άντρες που αντικατοπτρίζουν τα μάτια μου
λαχταρώντας και ποθώντας την καταστροφή μου
χαρακώνωντας τους καρπούς της κάθε σχέσης κοντά μου
το βάρος των σκέψεών μου συντριπτικό τσιμέντο
ρούχα παντού, πιάτα στη βούρνα
η μικρή μου κόρη με κοιτάζει
χρειάζεσαι μαμά, μανούλα;
χρειάζεσαι μαμά;
μη γνωρίζοντας πως να σταματήσω τον εαυτό μου
κυνηγώντας τη δόση μου
θέλοντας να σπρώξω διαμέσου αλλά μη γνωρίζοντας
μη γνωρίζοντας πως να σταματήσω τον εαυτό μου
να σπρώξω διαμέσου
μη γνωρίζοντας πως να χορέψω τον εαυτό μου
να σπρώξω διαμέσου
να δεχτώ τον εαυτό μου
να σπρώξω διαμέσου
να αγαπήσω τον εαυτό μου
να σπρώξω διαμέσου
κανείς δεν μπορεί να το κάνει καλύτερο
σπρώξε διαμέσου
κανείς δεν μπορεί να το κάνει καλύτερο
σπρώξε διαμέσου
κανείς δεν μπορεί να το φτιάξει
σπρώξε διαμέσου
κανείς δεν μπορεί να το κάνει καλύτερο
σπρώξε διαμέσου

σταμάτα να τον τρέχεις στους δρόμους
σπρώξε διαμέσου
σταμάτα να περιμένεις ένα ήμαιηλ
σπρώξε διαμέσου
σπρώξε διαμέσου του πόνου
σταμάτα να παίζεις το παιχνίδι
σπρώξε διαμέσου
αγάπα σε
σπρώξε διαμέσου
αγάπα σε
δεν μπορώ
σ π ρ ώ ξ ε   δ ι α μ έ σ ο υ
Δεν μπορώ
Να σπρώξω
Να αγαπήσω
Να σπρώξω
Να αναπνεύσω
Να σπρώξω
Εσένα
Ν α   σ π ρ ώ ξ ω   δ ι α μ έ σ ο υ

ΕΛΞΗ

Με ελκύουν οι συναισθηματικά μη διαθέσιμοι άντρες

επειδή είμαι

συναισθηματικά μη διαθέσιμη

ΑΓΑΠΗ

Έχω διαμελιστεί στο σημείο παράλυσης
Ίσως αντιδρώ χημικά στον εγκέφαλό σου
αλλά είμαστε κομμένοι από το ίδιο προσχέδιο του είδους.
Μπορεί να με κοιτάζεις σαν να με ξέρεις,
και φυσικά: υπάρχουν μόνο δύο ανθρώπινα είδη.
Είμαι ένας κλώνος της αντίθεσής σου.
Από την άλλη,
η ηλεκτρική κιθάρα που παίζεις είναι ευφορία
και φωνάζεις τους στίχους σου μες στο λαρύγγι μου,
το είδος του έρωτα που προτιμώ,
ένα που δεν περιλαμβάνει
γυναικείο προσκόλλημα και παραφροσύνη,
αναμονή και μοιρολόι.
Δεν υπάρχει κανείς από το αντίθετο είδος
να συμπληρώνει τον κλώνο μου
Κανένα θαύμα, κανένα παραμύθι
Είναι απλώς ένα τυχαίο διασταύρωμα
Η τεκνοποίηση στον πλανήτη
Αυτό το επιστημονικό πείραμα
Κάποιας ανώτερης ενέργειας
Το πείραμα που ονομάζουμε ΓΗ.

ΑΞΙΑ

Ούτε καν να γράψω ποίημα για σένα δεν άξιζες

ΠΩΣ ΝΑ ΓΑΜΗΘΕΙΣ

Ο μόνος τρόπος να βρεις άντρα
Είναι να γίνεις ένας
Ας μην προσποιούμαστε
Ζούμε, σε έναν ανδροκρατούμενο κόσμο

Οπότε, μπες στο πρόγραμμα

Κράτα τις λέξεις σου για τον εαυτό σου,
τα ποιήματά σου κάτω απ' το μαξιλάρι
Ξέχνα παραμύθια και μύθους
Αντιθέτως άκουσε τους
Bullet for my Valentine
δυνατά, στο τραμ,
για να φωνάζεις ήσυχα

Το μολύβι στα μάτια πρέπει να είναι σκούρο
Προκάλεσε τους μαλάκες
σαν σε εξετάζουν
Κοντή φούστα, κόκκινο κοκκινάδι
ένα ζευγάρι ψηλές μπότες στιλέτο
για να καρφώσεις τις καρδιές τους

Βγες έξω στη νύχτα
Συγκεντρώσου στις σωματικές ανάγκες
Κυνήγα το γαμήσι όχι την επαφή
Οι άντρες είναι ειδικοί
μπορείς να το κάνεις κι εσύ

Ξύπνα!

Δεν θέλει να σε γνωρίσει
έστω κι αν ρωτά για τη ζωή σου
Δεν νοιάζεται για σένα
έστω κι αν σου δείχνει τον κήπο του
Δεν νομίζει ότι είσαι ξεχωριστή
έστω κι αν σου παίζει πιάνο
αν φιλήσει το μέτωπό σου,
αν χαϊδέψει το πρόσωπό σου
ή αν σε κρατήσει σφιχτά μέσα στη νύχτα
Μην τον πιστεύεις αν πει πως δεν έχει χρόνο
έχει τρεις, ή τέσσερις, στο πλάι

Θέλει μόνο ένα γαμήσι
να γλιστρήσει στο μουνί σου
να σε κολλήσει στον τοίχο
να σου τραβήξει τα μαλλιά,
να κοιτάξει μέσα στη ψυχή σου
Μην γελιέσαι,
το μόνο που θέλει είναι να του ρουφήξεις την πούτσα
για να νιώθει ότι είναι από πάνω
Άφησέ τον να νομίζει ότι είναι
μετά πάρε το στιλέτο σου και ...

Μην το πολεμάς, μην το αρνείσαι – έτσι είναι η ζωή
Πρέπει να προστατευτούμε για να επιβιώσουμε
Πρέπει να κρύψουμε τη γυναίκα μέσα μας
Μόλις πάρει αυτό που θέλει
θα χαθεί σαν σταγόνα
μια νίξη συναισθήματος

θα τρέψει τα πόδια του σε φυγή
Μην το πολεμάς, μην το αρνείσαι
Αυτή είναι η πραγματικότητα

Έλα, κοίτα με, να παίρνω αυτό το μαχαίρι
και να το βυθίζω στο στήθος μου
Βλέπεις το τετράγωνο που κόβω;
Το βλέπεις;

Να η καρδιά μου, πάλλεται

Θα την τοποθετήσω εδώ
στον πάγκο της κουζίνας
και με το ματωμένο μου χέρι
κοίτα με να φτιάχνω το φέρετρό της
ένα καρφί για κάθε εραστή
κάθε μαλάκα που έβαλα μέσα μου
και έτσι προσεχτικά
και συμπονετικά
θα σε ξαπλώσω μέσα, καρδιά μου
θα σε ξαπλώσω μέσα
και δεν θα κλάψω
θα πολεμήσω τα δάκρυά μου

Βαρώντας το να κλείσει
ένα καρφί για κάθε φορά
που είπα πως δεν θα κάνω κάτι και το έκανα
βαρώντας ξανά
και ξανά και ξανά

Θα σε θάψω στο στήθος μου, καρδιά
θα θρηνήσω το χαμό σου, αλλά δεν θα κλάψω
δεν κλαίω, δεν κλαίω…

Βλέπεις αυτή τη βελόνα;
Κοίτα με να ράβω το δέρμα μου να κλείσει
μια βελονιά για κάθε κόμπιασμα
κάθε φορά που πίστεψα κάποιον άλλο
τσίμπημα αλατόνερου τρέχει απ' τα μάτια μου
αισθανόμενη την αγωνία κάθε βελονιάς
μέσα έξω, μέσα έξω
το τράβηγμα της κλωστής
για να θυμάμαι
ότι αυτός είναι ένας ανδροκρατούμενος κόσμος
ότι όλοι είναι μαλάκες

Έι τύπε απέναντι στο μπαρ, σ' αρέσει αυτό που βλέπεις;
Θέλεις να 'ρθείς να παίξεις μαζί μου;
Δεν έχεις τ' αρχίδια να με χειριστείς
Μην ανησυχείς θα πάρω μόνο αυτό που χρειάζομαι
Μπορεί να εισχωρήσεις στο μουνί μου
αλλά να γαμηθώ αν αφήσω κάποιον
ποτέ ξανά, να διεισδύσει στην ψυχή μου

ΕΛΕΥΘΕΡΙΑ

Παράτα την αγάπη και ζήσε ελεύθερα!

ΟΤΑΝ ΜΙΑ ΣΧΕΣΗ ΤΕΛΕΙΩΝΕΙ

Όταν μια σχέση τελειώνει
ποτέ δεν γίνεται με έναν καλοφτιαγμένο φιόγκο
και πρέπει να την αφήσεις
έστω κι αν υπάρχουν άγνωστα
Θρήνησε το θάνατό της
Και δέχτου
Πως πέθανε
Γιατί όταν αντιστέκεσαι
και κοσκινίζεις για ελπίδα
εμποδίζεις και δεν βλέπεις άλλους
Εμποδίζεις τον ίδιο σου τον δρόμο
Σταματάς τον πόνο να περάσει από μέσα σου
Θα πονέσει σαν κόλαση
αλλά πρέπει να περάσει, σαν ιός
Δεν μπορείς να τον σταματήσεις
Και ξέρεις πως θα είσαι καλύτερα
Δεν έχει νόημα να ξαναδιαβάζεις ήμαιηλς
να αναλύεις, ή να του στέλνεις μυνήματα
όταν πονάς τόσο βαθιά
δεν ξέρεις καν τι νιώθεις
τα αισθήματα είναι τόσο έντονα που αιμορραγούν
Πρέπει να περάσει από μέσα σου
Αποδέχτου πως πρέπει να περάσει
Μην το πολεμάς, άφησέ το να περάσει
Κλείσε τα μάτια σου
Κοιμήσου
Θα περάσει

ΣΟΥ ΑΡΕΣΕΙ ΝΑ ΓΑΜΑΣ ΤΟ ΣΚΟΤΑΔΙ ΜΕΣΑ ΜΟΥ

Όταν με κρατάς τρέμω στην αγκαλιά σου
αλλά απλώς θέλεις να γαμήσεις το σκοτάδι μέσα μου
Όταν σου είπα πως η φίλη μου πέθανε
Είπα πως ο πόνος ήταν τόσο μεγάλος που χρειαζόμουνα σεξ
Ήρθες αμέσως από δω, και δεν μίλησες
και δεν ήθελα να το κάνεις
Με φίλησες και έκλαψα μέσα στο στόμα σου
Μετά σταμάτησες και αγκαλιαστήκαμε, σφιχτά, και αναστενάξαμε
Αλλά εσύ απλώς ήθελες να γαμήσεις το σκοτάδι μέσα μου
Ήθελα να με κρατήσεις, αλλά με έστειλες κατευθείαν στην κόλαση
εκεί που θέλω να είμαι – εκεί που εγώ, εμείς, ανήκουμε

Περπατούμε την λεπτή γραμμή μεταξύ απόλαυσης και πόνου
φίλος ή μπάσταρδος είναι όλα το ίδιο
«Μ' αρέσει να γλείφω το μουνί σου,» είπες
«Μ' αρέσει να σε γαμώ.»
Δεν έδειξες καθόλου έλεος, οι ωμές, ειλικρινείς λέξεις σου
σημαδεύοντας τους ψηλούς τοίχους του ό,τι κι αν αυτό είναι
«Τι είσαι;» ρώτησες.
«Η φίλη σου,» απάντησα.
«Τι είσαι;»
«Η φίλη σου.»
Τότε τράβηξες απότομα τα μαλλιά μου. «ΤΙ ΕΙΣΑΙ;»
«Η fuck buddy σου.»
«Καλό κορίτσι.»

Με φίλησες με ανοιχτό στόμα, με τη γλώσσα σου
Μου έκανες πράγματα που ποτέ δεν άφησα άλλον να μου κάνει
Με έσπρωξες να ρουφήξω την πούτσα σου
Σου είπα, «δεν το κάνω αυτό,» αλλά δεν σε ένοιαξε
με τα μαλλιά μου τυλιγμένα στα χέρια σου
η αδυναμία μου άφησε τις πόρτες διάπλατα ανοιχτές
κι εσύ ήρθες μέσα
προσφέροντας στον εαυτό σου ό,τι σου άρεσε
αγνοώντας αυτά που δεν

Αλλά δεν βλέπεις, εγώ τα έκανα όλα αυτά στον εαυτό μου
διέτασσα πώς θα έπρεπε να ήταν
όταν το τέλειωσες μ' εμένα
είπες πως είμαστε πολύ διαφορετικοί
και ότι ήθελα περισσότερα
έπρεπε να σε αφήσω να βγεις από εκείνη την πόρτα
αλλά αντί αυτού σου είπα, δίδαξέ με πώς να γαμώ χωρίς αισθήματα
πρέπει να μάθω, για να μην πληγωθώ, με τον ίδιο τρόπο ξανά

Αλλά μετά η φίλη μου πέθανε
και τα αισθήματά μου ήταν διάπλατα ανοιχτά
και σου έλεγα πόσο αγαπούσα τη φίλη μου
κι εσύ μου είπες «Αγαπάς να αγαπάς.»
«Όχι,» απάντησα.
«Αγαπάς να αγαπάς.»
«Όχι, γιατί μετά πληγώνεσαι.»
«Αγαπάς να αγαπάς.»

Και μετά βρήκα τον εαυτό μου να λέει
πως μας θέλω να είμαστε ελεύθεροι
και δεν σου ανήκω και δεν μου ανήκεις
πως η ζωή είναι μόνο για τις στιγμές και ότι
μπορούμε απλώς να υπάρχουμε
Μπορείς να αναπαυτείς στην παλάμη μου σαν πεταλούδα
και θα σε δω να πετάξεις στον ουρανό...

«Τότε θα σου φερθώ εντάξει,» είπες,
«απλώς πρέπει να με εμπιστευτείς.»
Αλλά τι είμαστε; Ήθελα να ρωτήσω όμως, δεν το έκανα
«Τι θέλεις να κάνω;» ρώτησες.
«Κράτησέ με.»
«Σε κρατώ.»
«Κράτησέ με.»
«Σε κρατώ.»
«Μείνε μαζί μου.»
«Όχι.»
«Χρειάζομαι κάποιον μαζί μου.»
«Όχι, δεν είναι αυτό που θέλεις.»
«Θέλω να είμαστε φίλοι.»
«Δεν είναι αυτό που θέλεις.»

Και είχες δίκιο,
επειδή η σκέψη να κρατώ το χέρι σου
με φοβίζει παραπάνω απ' όσο μπορώ να αντέξω
και τότε, δεν υπήρχε τίποτα περισσότερο που θα μπορούσα να πω
και έτσι σε άφησα απλώς να είσαι,
και αποφάσισες να γαμήσεις το σκοτάδι μέσα μου

Και μου άρεσε.

ΤΟ ΜΟΥΝΙ ΤΗΣ

Στην αρχή αντιστάθηκε.
αλλά αυτός επέμενε, πάλεψε να την τοποθετήσει
φιλώντας το βρακί της εκεί, στο σημείο.
Το σκέφτεται συχνά. Ήταν τόσο ερεθιστικό.
Μετά της έβγαλε το ρούχο
και η γλώσσα του γλίστρησε σιγά στη θέση της
Το σκέφτεται συχνά, πως η άκρη κατρακύλησε το μονοπάτι
μέχρι την κλειτορίδα της, και εκεί έπιασε δουλειά.
Γαμώτο ήταν τόσο τέλεια, η γλώσσα του τρελάθηκε
Σιγά στην αρχή, πάνω και κάτω, πάνω, κάτω και γύρω
Ναι, πιο γρήγορα… ναι, πιο γρήγορα, ωχ, βάλε το δάχτυλό σου μέσα
βάλε το δάχτυλό σου μέσα, έτσι ώστε να έχω αυτοεπίγνωση
και να νιώθω το κυριαρχικό σου βλέμμα
Ναι, ναι, ναι, ναι, ναι, ναι!

Τον σκέφτεται να την γλείφει συχνά
Δεν της άρεσε να της το κάνουν πριν
Δεν ξέρει γιατί της αρέσει τόσο πολύ
Προφανώς υπάρχει μια έλλειψη εμπιστοσύνης
Αλλά γιατί να πειράζει αυτό;
Το μόνο που θέλει είναι να θρυμματιστεί το κορμί της
Να νιώσει απόλυτη ικανοποίηση δανδελωμένη με πόνο
έστω κι αν δεν τέλειωσε με αυτόν τον τρόπο

Ναι, ξεκινούσε να παίζει το παιχνίδι

ΕΣΥ

Η Αυστραλιανή λογοτεχνία θα υποφέρει μεγάλη απώλεια
αν σταματούσαμε να συναντιόμαστε

ΔΙΑΦΟΡΟΠΟΙΗΣΗ

Διαφοροποίηση ονομάζεται το παιχνίδι που θα παίξω
Δεν με νοιάζει αν μου έκανες έρωτα
με σερενάτες του Τζωρτζ Μάικλ
και με έκανες να τελειώσω τόσο δυνατά
που δεν μπορούσα να μιλήσω μετά
Δεν με νοιάζει που μου έδωσες
τρεις από τους μεγαλύτερους οργασμούς της ζωής μου.
Και δεν θα σου το έλεγα ποτέ αυτό
γιατί μετά θα είχες το πάνω χέρι.
Που είναι ο επόμενος; λέω
Ο επόμενος ωραίος τύπος που θα με καυλώσει να γαμήσω
έτσι ώστε να σβήσω τα αποτυπώματά σου απ' το δέρμα μου
Δεν με νοιάζει που είπες ότι μαζί τελειώνουμε
σαν παζλ, που είναι ο επόμενος; λέω
Διαφοροποίηση, ονομάζεται το παιχνίδι
και θέλω να παίξω, οπόταν ας παίξουμε.

ΠΑΖΛ

Ξέρω ότι γελάς στον τίτλο αυτού του ποιήματος,
όχι όλοι σας, μόνο εκείνος στον οποίο αναφέρεται.
Το βράδυ που είπες ότι ταιριάζουμε σαν παζλ
όταν ήρθα κοντά σου στο μπαρ, και αγκαλιαστήκαμε,
πριν από αυτό, όταν το καμπαρέ έκανε παράσταση
σε έβλεπα να γελάς με το σόου
και με έκανε να αισθανθώ ωραία.
Μ' αρέσει όταν γελάς,
γιατί τότε δεν σκέφτεσαι.
Ποτέ δεν μπορώ να καταλάβω τι σκέφτεσαι,
και αυτό με φοβίζει, παραπάνω απ' όσο θέλω να παραδεχτώ.

Στο κρεβάτι, αργότερα, τα κορμιά μας συνδέθηκαν σαν παζλ
Με αποκάλεσες αγαπημένη, και κράτησες το χέρι μου

ακόμη κι όταν σου είπα ότι με φοβίζει

Κάθε φορά που σε βλέπω είναι καλύτερη απ' την προηγούμενη
Εκεί που νομίζω ότι δεν θα μπορούσε να είναι πιο έντονο
είναι, και αυτό με φοβίζει, πιο πολύ απ' όσο θέλω να παραδεχτώ.
Αλλά δεν θέλω κάτι σοβαρό
και το έχεις κάνει ξεκάθαρο πως ούτε κι εσύ
κι έτσι, δεν νομίζω πως είναι καλή ιδέα
να συναντιόμαστε πια
και δεν θα διαβάσεις ή να ακούσεις ποτέ αυτό το ποίημα

και δεν θα ξέρεις ποτέ, γιατί το τέλειωσα…

ΤΟ ΣΠΙΤΙ ΣΟΥ

Θέλω να φιλήσω τα μάτια σου την ανατολή
να κάνω μπάνιο μαζί σου στη μπανιέρα σου
να κάνουμε όλα τα πράγματα που δεν επιτρέπεις
Θέλω να φιλήσω τα μάτια σου την ανατολή
σαν εκείνη τη μόνη φορά
που έδωσες στον εαυτό σου άδεια
να χαθείς μέσα στην αγκαλιά μου
πριν οι τοίχοι σου ανεγερθούν για άμυνα
ένας λαβύρινθος από λέξεις χιλιόμετρα φαρδύς

εγώ στο ένα άκρο
εσύ στο άλλο
η καρδιά σου στην καρδιά του

Αμφιβάλλω αν κανείς έχει φτάσει τόσο μακρυά.

Σ' αυτό το σκοτάδι δεν έχει διαπραγματεύσεις
Δεν τρέχεις να με βρεις
Μ' αυτόν τον τρόπο έχεις επιβιώσει χωρίς προσπάθεια
και θα συνεχίσεις να το κάνεις
Είμαι ηλίθια που μπήκα μέσα;
Δεν ξέρω που πάω
και μερικές φορές καταλήγω
πίσω απ' εκεί που ξεκίνησα

Αυτό δεν είναι λαβύρινθος. Είναι κυκεώνας.

Σκέφτομαι να παραιτηθώ
αλλά η μουσική σου με δελεάζει να 'ρθω μέσα
και μετά οι λέξεις έρχονται σαν ξυράφια
τομές στο στήθος μου
Είναι αγάπη ή αυτοκαταστροφή;
Είναι δύσκολο να πεις μ' εμάς
Τα φιλιά σου φαντάσματα στα χείλη μου
και μετά τρέχω κατά μήκος καθρεφτών
κι εσένα είναι που βλέπω, στην άλλη μου πλευρά
Είμαι ηλίθια που σε ψάχνω;
Αλλά ήξερα πως με την αγάπη κι εμένα
έτσι θα ήταν τα πράγματα
και έτσι, λαχανιασμένη, τρέχω
προς την ανατολή...

ΔΕΝ ΞΕΡΩ

Τα φιλιά σου είναι τα πιο σουρεαλιστικά που έχω δοκιμάσει ποτέ
Η γλώσσα σου, μόνο η άκρη της, μαλακιά στο στόμα μου
Αλλά δεν ξέρω, δεν ξέρω
Είμαι απλώς ένα όργανο που παίζεις;
Δεν ξέρω
Τα μάτια σου μπορούν να με καταβροχθίσουν
Νομίζω μ' αρέσεις αλλά δεν ξέρω
Όταν φεύγεις αφού έχουμε κάνει έρωτα
Κάθομαι με το βάσανό μου
Και το μόνο που θέλω είναι να τρίψω
Τα αποτυπώματά σου απ' το δέρμα μου
Δεν ξέρω, νομίζω μ' αρέσεις, αλλά δεν ξέρω
Έτσι θα έπρεπε να είναι;
Ψάχνω για λέξεις που μπορεί να σημαίνουν
Κάτι άλλο από το απλά θέλω να σε γαμήσω
Δεν βγάζω νόημα απ' αυτό
Απλώς δεν ξέρω
Δεν ξέρω τι νιώθω
Τι θέλω, τι θέλεις
Που πάει αυτό
Αν κατευθύνομαι στον παράδεισο
ή σε μοιραίο ατύχημα
Δεν ξέρω
Φοβάμαι
Και απλώς δεν ξέρω

ΓΝΩΡΙΖΩ ΕΝΑΝ ΩΡΑΙΟ ΤΥΠΟ

Είσαι τόσο ωραίος

και καλός

φοβάμαι να σε αγγίξω

ΚΥΡΙΑΡΧΙΑ

Μόνο έτσι το θέλω
«Να πας να γαμηθείς. Με άκουσες; Ν α π α ς ν α γ α μ η θ ε ί ς.
Δεν θα επιβιώσεις.»
Παλεύουμε, όπως κάνουμε πάντα, γυμνοί.
Είσαι σιωπηλός, αλλά τα μάτια σου χύνουν οργή παντού πάνω μου.
Γελώ με την ανικανότητά σου να με ελέγξεις.
«Δεν θα ρουφήξω την πούτσα σου. Χα. Να πας να γαμηθείς. Χα!»
Είσαι δυνατός, τα μπράτσα σου είναι μεγάλα
και γαμώτο είσαι δυνατός.
Σε πολεμώ με όλη μου τη δύναμη. Χαμένε. Δεν μπορείς να με έχεις!
Με βάζεις στην πλάτη μου, και με καβαλικεύεις
με τα πόδια σου γύρω μου.
«Να πας να γαμηθείς. Δεν θα σε ρουφήξω, ακούς;»
Σε πολεμώ με τα χέρια μου, χτυπώ, αλλά γελώ, γελώ.
Δεν γελάς. «Ρούφα την πούτσα μου.»
Κουνάω το κεφάλι μου. Αρπάζεις και τους δυο μου καρπούς.
Προχωράς μπροστά, ίντσα-ίντσα το κορμί σου πάνω στο δικό μου.
Φέρνεις την πούτσα σου πιο κοντά στο στόμα μου, πιο κοντά.
Φτάνεις στο στόμα μου. Γυρίζω το κεφάλι. «Να πας να γαμηθείς.»
«Ρούφα την.»
Στιγμιαίος αντιπερισπασμός από σένα και βρίσκομαι στην κοιλιά μου.
Και παλεύουμε ξανά. «Να πας να γαμηθείς!»
Να πας να γαμηθείς γι' αυτά που μου κάνεις.
Με ακινητοποιείς και με παγιδεύεις, με ισοπεδώνεις
και με πιέζεις με το σώμα σου.
Τα χέρια μας απλωμένα δίπλα-δίπλα.
Η πούτσα σου πάλλεται στον πισινό μου.

Δεν μπορώ να κινήσω τίποτα. Δεν θέλω να κινήσω τίποτα, ποτέ.

Δεν μπορώ να σε δω αλλά ξέρω ότι είσαι έξω φρενών.

Σου αρέσουν οι γυναίκες σου να είναι υποτακτικές κι εγώ δεν είμαι.

Παίρνεις το αυτί μου μέσα στο στόμα σου.

«Με ακούς; Να πας να γαμηθείς.»

Δεν μιλάς. Σπάνια το κάνεις.

Αρπάζεις και τους δυο καρπούς μου με το ένα χέρι σφιχτά.

Βάζεις το άλλο σου χέρι μέσα μου.

Με γαμάς με το δάχτυλο. Πονάει. Μ' αρέσει που πονάει.

«Είναι πολύ άγριο, να πας να γαμηθείς, να πας να γαμηθείς...»

Δεν μιλάς. Δεν σε νοιάζει.

Συνεχίζεις να το κάνεις.

Και συνεχίζεις και συνεχίζεις......

Κυριαρχία.

Πλήρης υποταγή.

Και μόνο έτσι το θέλω.

ΕΘΙΣΜΟΙ

Έχουμε έναν εθισμό εγώ κι εσύ

καλύτερα να μην ενδίδουμε συχνά

επειδή μπορεί

να χάσουμε

τ
o
υ
ς

ε
α
υ
τ
o
ύ
ς
μ
α
ς

ΤΣΙΓΓΑΝΟΙ

Στις προηγούμενές μας ζωές, εγώ κι εσύ ήμασταν τσιγγάνοι
τα μυαλά μας περιφέρονταν από τέχνη σε μουσική
τόπο σε τόπο, κόσμο σε κόσμο
Νομίζω ήμουν μόνη όμως
σκουντουφλώντας, ανήμπορη να γιατρέψω τη μοναξιά
Οι δρόμοι μας διασταύρωσαν για λίγο, νομίζω
Μου έπαιξες μουσική
κι εγώ χόρεψα για σένα
Προσπάθησες να μου διδάξεις πράγματα
Δεν μπορούσα να τα συλλάβω όμως
Νομίζω προχώρησες παρακάτω
γιατί σ' αυτή τη ζωή
γεννήθηκα, λυπημένη

Πριν από πολύ καιρό, είδα ένα όνειρο
ότι ζούσα τη ζωή μιας τσιγγάνας,
απαλλαγμένη από αναστολές και κοινοτυπίες
Πριν από πολύ καιρό, έκλαψα μέχρι να κοιμηθώ
και ονειρεύτηκα πως ζούσα σαν τσιγγάνα
Στην παλάμη μου, διάβασα το μέλλον μου
και μέσα της είδα το σήμερα
καθαρό όσο το μπλε των ματιών σου
και έτσι έφυγα, να σε ψάξω

Γνώρισα μια σοφή γυναίκα από τις προηγούμενές μας ζωές
Δεν πρόλαβες να τη γνωρίσεις σε αυτή τη ζωή
αλλά σε καθοδήγησε στην προηγούμενη
Όταν τη γνώρισα ήξερα ότι την ήξερα
Μου έπαιξε τσιγγάνικες ταινίες και μουσική

Όταν άκουσα τη μουσική για πρώτη φορά
τα μάτια σου άστραψαν μπροστά μου
αλλά δεν σε είχα γνωρίσει ακόμα
Η μουσική διείσδυσε στη ψυχή μου
και τα μάτια μου δεν μπορούσαν παρά να κλείσουν
Εκείνη τη μέρα ερωτεύτηκα

Τη βδομάδα πριν να πεθάνει
σε γνώρισα, και την ημέρα της αναγέννησης
κάναμε έρωτα, τελετουργικά
πάθος από δυο ζωές
παλεύαμε για τα λάθη του περελθόντος μας
χωρίς να υποχωρεί κανείς απ' τους δυο μας
αντιστέκοντας πως ήρθαμε μαζί
να τα κάνουμε όλα αυτά από την αρχή

Μου έπαιξες μουσική
κι εγώ χόρεψα για σένα
Θέλεις να τα καταφέρω αυτή τη φορά
Φαίνεται να μην μπορώ να τα καταφέρω αυτή τη φορά
Θέλεις να τα καταφέρω αυτή τη φορά
Αυτό είναι που ήθελα πάντα
Έκλαιγα μέχρι να κοιμηθώ
και ονειρευόμουν αυτή τη ζωή
Ελπίζω να τα καταφέρω αυτή τη φορά
Γιατί στην επόμενη ζωή
δεν θέλω να γεννηθώ, λυπημένη

ΜΟΝΑΞΙΑ

Η μοναξιά κατοικεί στο σαλόνι μου

σ
κ
α
ρ
φ
α
λ
ώ
ν
ε
ι

τους

τέσσερεις

τ
ο
ί
χ
ο
υ
ς

μ
ο
υ

ΚΟΚΚΙΝΗ ΒΙΟΛΙΣΤΡΙΑ ΤΣΙΓΓΑΝΑ

Όταν πρωτοάκουσα τη μουσική
της τσιγγάνικης ορχήστρας σου
αμέσως ερωτεύτηκα
Και έτσι ήρθα να σας δω

κι εκεί ήσουνα,

στο μαύρο σου κορσέτινο τουτού
δεν μπορούσα να σταματήσω να σε κοιτάζω
Μαύρα μαλλιά ελεύθερα σαν κόκκινη κορδέλα
μ' εκείνο το βλέμμα ξελογιάστρα
εσύ, με την κόκκινη σκιά στα μάτια
τα διχτυωτά και μαλακά, χλωμά σου χέρια
ποιος να μπορούσε άραγε να σε αρπάξει;
ή να σε κρατήσει στην αγκαλιά του;
ηλίθιοι μόνο που προσπαθούν, ηλίθιοι
δελεάζεις με το χαμόγελό σου
μ' εκείνα τα μάτια ξελογιάστρα
τους χορεύεις στην απόλαυση
με την τσιγγάνικη ορχήστρα σου
δεν μπορούν παρά να κοιτάζουν
με τη σκηνική σου παρουσία
επιβάλλεις την προσοχή
που δικαιωματικά αξίζεις

Κόκκινη βιολίστρια τσιγγάνα
τι μου έκανες;
κατεβαίνεις απ' τη σκηνή για σόλο
χαλαρή ανάμεσα στο πλήθος
ακουμπάς το πηγούνι σου στο βιολί
και όλοι κοιτάζουν, με θαυμασμό

σε θέλουν να πας κοντά τους
σε ήθελα να έρθεις κοντά μου
αλλά ποιος θα μπορούσε να σε αρπάξει;
ηλίθιοι μόνο που προσπαθούν, ηλίθιοι
υπάρχεις μελωδικά ακυβέρνητη
στο θλιμμένο μοιρολόι
από το άλλο σου μισό
Ακουμπάς στον ώμο του
κι αυτό κλαίει για σένα
τα δάκρυα που δεν μπορείς
Ζεις μόνο για τον ήχο του
προκαλείς με το χαμόγελό σου
όλοι κοίταξαν, με θαυμασμό
αλλά εγώ έκλαιγα για σένα
έκλαιγα για μένα
ποιος θα μπορούσε να σε αρπάξει;
εσένα ξελογιάστρα, εσένα
τι μου έκανες
κόκκινη βιολίστρια τσιγγάνα;

Αργότερα άγγιξα το χέρι σου
και ανταλλάξαμε λέξεις
Είπα πως είσαι όμορφη
Είπες πως είμαι όμορφη
Κάτι έγινε
Ξελογιάστρα, εσύ, ξελογιάστρα
Ηλίθιοι είναι όλοι τους, ηλίθιοι
κανείς δεν μπορεί να σ' έχει
εσύ ανήκεις στο βιολί σου
τι μου έκανες
κόκκινη βιολίστρια τσιγγάνα;
τι έκανες;

ΕΓΩ Ο ΕΑΥΤΟΣ ΜΟΥ ΚΙ Η ΑΓΑΠΗ

Είμαι η μόνη
που μπορεί να με αγαπήσει
Δεν με ξέρω
Πώς μπορώ να αγαπήσω εσένα;
Δεν με ξέρω
Δεν σε ξέρω
Μπορεί να μου αρέσουν τα κορίτσια
Δεν είμαι σίγουρη
Είμαι η μοναδική
που μπορεί να μάθει
Είσαι υπέροχο γαμήσι
Μόνο αυτό είσαι
Δεν μπορεί να μ' αρέσεις
Ούτε ξέρω
τι στο διάολο μ' αρέσει
αλλά αυνανίζομαι
σκεφτόμενη εσένα
Με γαμάς
καλύτερα από μένα
και αγγίζεις καλύτερα
Είμαι η μοναδική
που μπορεί
να γαμήσει τον εαυτό μου
αλλά θα με μάθω
γι' αυτό αφήστε με όλοι σας
εκτός εσύ, με τα φιλιά
μπορείς να 'ρθείς

αλλά δεν
με επαληθεύεις
Εγώ επαληθεύομαι
Δεν θα περιμένω για
τα μηνύματά σου
να με επαληθεύσουν
Είμαι υπέροχη
με αυτά ή χωρίς
ΕΠΑΛΗΘΕΥΟΜΑΙ
Με ακούς;
ΕΠΑΛΗΘΕΥΟΜΑΙ
Όχι εσύ – ΕΓΩ
Θα κάτσω μαζί μου
μόνη μόνο μ' εμένα
γιατί όλοι μόνο αυτό έχουμε
έστω κι αν άλλοι θα
παραληλούν και θα αρνιούνται
εγώ θα αντιστέκομαι
δεν θα γεμίσω το φαράγγι μου
με αλληλεξάρτηση
θα το γεμίσω μ' εμένα
θ' αρχίσω να με γνωρίζω
θα στέκομαι μόνη μ' εμένα
θα είμαι δυνατή μόνο μ' εμένα
και μετά θα διαλέξω
τον κατάλληλο για μένα
Δεν με ξέρεις
αλλά θέλεις
Καλύτερα να το κάνω εγώ πρώτη

Δεν μπορείς να θεραπεύσεις
τη θλίψη στη σιγή μου
μόνο εγώ μπορώ να το κάνω
Είμαι η μοναδική
που μπορεί να κάτσει μαζί μου
σ' ένα σημείο για μένα
και ν' αγαπήσω εκείνην εμένα
Είμαι ελεύθερη να είμαι εγώ
να κάνω ό,τι να 'ναι
να γαμήσω όποιον να 'ναι
όσους θέλω
όποτε θέλω
Είμαι ελεύθερη να εξερευνήσω
επειδή μου ανήκω
δεν σου ανήκω
δεν ανήκω σε κανέναν
Είμαι η μοναδική
που μπορεί να με αγαπήσει
Δεν με ξέρω
δεν με ξέρεις
αλλά μπορείς να με δεις
επειδή με εξυπηρετεί
Μόνο εμένα
Όχι εσένα
ΕΜΕΝΑ

Η ΠΟΥΤΣΑ ΣΟΥ

Δεν ήθελα ποτέ να ρουφήξω πούτσα
γιατί είναι τόσο λάθος
και είμαι μια καλή Ελληνίδα γυναίκα
προορισμένη να γαμά μόνο ένα σύζυγο
ή να κάθεται σταυροπόδι στην εκκλησιά
Αλλά τελευταία το καθήκον είναι άσχετο
γιατί έχω εμμονή με
τη σκέψη της πούτσας σου

Θα σε σπρώξω στον τοίχο
θα κατεβάσω το παντελόνι σου
θα απελευθερώσω την πούτσα σου
μέχρι να είναι γυμνή και
αποφασισμένη
μπροστά μου

Θα τη χαϊδέψω, στοργικά
τη ζεστή, θαυμάσια σάρκα σου
και με τα μάτια μου
καρφωμένα στα δικά σου, θα ψιθυρίσω
μ' αρέσει ο τρόπος που με γλείφεις
αλλά δεν θέλω να κρύβεσαι
ανάμεσα στους μοιρούς μου
θέλω την πούτσα σου
μέσα στο στόμα μου

Θα κατεβώ στα γόνατά μου
θα σε πάρω στο στόμα μου

μαζί με όλες τις λέξεις μου
επειδή μπορώ να χωρέσω πολλά εκεί μέσα
και θα ρουφήξω την πούτσα σου, μωρό μου
από την αρχή της μέχρι το τέλος της
σαν θα χαϊδεύω τ' αρχίδια σου
και μετά θα σε γλείψω, θα γλείψω
θα τρίψω κεφάλι, μάγουλα, χείλη
πάνω στο καυλί σου
και με τα μαλλιά μου παντού
θα δέσεις το χέρι σου εκεί μέσα
θα τραβήξεις το πρόσωπό μου πίσω
στο κουκούλι σου

Ή θα μ' άρεσε να τρυπώσω στο γραφείο σου
Να μπω κάτω απ' το τραπέζι καθώς θα διαμαρτύρεσαι
όχι, όχι, όχι, όχι
ανάμεσα στην χαρτούρα σου
θα τσαλακώσεις τον φάκελο
που σε κρατούσε
μακρυά μου
μέσα στη γροθιά σου

Ή μπορεί όταν μπούμε
στο διαμέρισμά σου μετά
από το δείπνο στο σπίτι της μητέρας σου
κουβεντιάζοντας για δουλειά και τα λοιπά
και το χέρι μου κάπως
βρίσκει το δρόμο του εκεί κάτω
και αρχίζω να λέω σσσς

Αλλά είμαστε καλύτερα βρεγμένοι
μέσα στο ντους
εσύ, να γαμάς το στόμα μου
μια χούφτα από τα μαλλιά μου ξανά
να ελέγχει την ώθηση
και θέλω να νιώσω την πούτσα σου, μωρό μου
γι' αυτό να μην είσαι ήπιος, να είσαι άγριος

Και στην κλιμάκωση
τα χέρια μου θα ψάχνουν
για το μουνί μου
γιατί πρέπει να αγγίξω τον εαυτό μου
τόσο υγρή απ' αυτό που κάνουμε
θα χάσεις τον έλεγχο
θα παραμιλάς, θα τραυλίζεις
πως αν δεν σταματήσω
θα τελειώσεις
και πως δεν θα με ικανοποιήσεις
αλλά δεν με νοιάζει
δεν θα σταματήσω
απλώς θέλω
να σε ρουφήξω μέχρι να στεγνώσεις
να σε ακούσω να βογγάς
να φωνάζεις, να ουρλιάζεις

χύσεχύσεχύσε

στο στόμα μου
θέλω να

καταπιώ

να σε γλείψω μέχρι να στεγνώσεις
μέχρι να ηρεμήσουμε ξανά

ΗΡΕΜΙΣΤΙΚΟ

Σε βλέπω
Τα μάτια σου
Ηρεμιστικό
Μιλούμε
Στο φως του ήλιου
Τα μάτια σου
Πιο μπλε κι από καθαρούς ουρανούς
Ηρεμιστικό
Η αγκαλιά μας
Ένα μελαγχολικό μπλουζ τραγούδι
Ηρεμιστικό
Το άγγιγμά σου, στο πρόσωπό μου
Ανανταπόκριτη αγάπη
Οι λέξεις μου
Εξατμίζονται στο βλέμμα σου
Δεν έχω τίποτα να πω
Δεν έχεις τίποτα να πεις
Το χαμόγελό σου
Το χαμόγελό μου
Κλειδωμένα μάτια
Θα τα πούμε σύντομα
Ναι, τα λέμε
Γυρίζω, φεύγω
Ηρεμιστικό
Σε μια δημόσια τουαλέτα
Κάθομαι για μια ώρα
Ηρεμιστικό

ΤΖΑΖ ΤΡΑΓΟΥΔΙ

Εσύ κι εγώ είμαστε ένα τζαζ τραγούδι
Το πιάνο, το σαξόφωνο, το βιολί
Τα μπλουζ, είμαστε τα μπλουζ
Είναι τόσο καλό επειδή είναι τόσο λυπηρό
Το σκατ του ρυθμού μας
εδώ κι εκεί
δεν ξέρω που
Πριν να κάνουμε έρωτα
όταν φιλιόμαστε
κλαίω για τα επακόλουθα
Το τέλος του τραγουδιού μας
Άρχισα να σ' ερωτεύομαι
Αλλά απλώς τζαζάρουμε
Τόσο καλά στην κλιμάκωση
Χάνουμε τους εαυτούς μας εκεί
Και μετά πάμε πιο σιγά
Και τα δάκρυά μου πέφτουν
Τα τελευταία κλειδιά στο πιάνο

Και μετά τελειώνουμε, ξανά

ΠΡΕΠΕΙ ΝΑ ΜΙΛΗΣΟΥΜΕ

Πρέπει να μιλήσουμε! Είναι ανάγκη να μιλήσουμε!
Αλλά μετά σε βλέπω, και μου πέφτουν όλες οι

λ   é
ξ   ε   ι
ς

μέχρι να τα θυμηθώ, όταν θα με αφήσεις ξανά

ΓΟΗΣ

Ναι, είσαι πολύ καλός
ρομάντζο στα μάτια σου
το στοιχείο της έκπληξης
θα μου πεις να βγούμε αυτή τη βδομάδα
θ' αποκοιμηθείς, στην αγκαλιά μου;
Έμπειρος εραστής, εσύ
Είναι ένα είδος τέχνης
σου πήρε χρόνια να το τελειοποιήσεις
Κάνεις τις κοπέλες να ουρλιάζουν
το κάνεις να νιώθει σαν όνειρο

Ο δικός μου Δον Ζουάν, δικός μου

Μέσα στο μικρό μοναχικό σου σπίτι
παίζεις μουσική για τον εαυτό σου
πίνεις να διώξεις τη μοναξιά
και μετά βγαίνεις να παίξεις
Δεν μπορείς να μπεις σε σχέση τώρα
γι' αυτό, για το ένα για το άλλο
ή είναι απλώς μια δικαιολογία;
επειδή μια μέρα, μπορεί και να μπορέσεις
βλέπεις, είναι όλα κομμάτι του σχεδίου
Κράτα τις εκεί να ελπίζουν,
Κράτα τις εκεί να μουτρώνουν
Δώσε τους αγάπη για τρεις ώρες το δεκαπενθήμερο
Αγαπάς για τρεις ώρες το δεκαπενθήμερο
Αγάπη, για τρεις ώρες το δεκαπενθήμερο
Ή όσο συχνά σε συμφέρει
Τρεις ώρες, αγαπάς για τρεις ώρες

Αγαπάς μέχρι να υπάρξει μια υποψία πόνου
Αγαπάς μέχρι να πονέσει
Υπάρχει ένα μικρό αγόρι μέσα σου που πονάει
Πονάει, πονάει
Μαμά, γρήγορα φύγε
Μαμά – Μπαμπά – ΟΧΙ!
ΣΤΑΜΑΤΑ! Σε παρακαλώ, απλώς σταμάτα.

Είμαι τόσο κουρασμένος.

Εξαφανίζεσαι σαν φάντασμα
αγάπη εξατμισμένη σε καπνό
στην επόμενη λάγνη αγκαλιά
απολαμβάνοντας το κυνηγητό της προηγούμενης
Έμπειρος χειριστής, εσύ
άφαντος, άπιαστος
αλλά έχεις μαθήματα να διδάξεις
και ήσουν πάντα ντόπρος
δεν παίζουν ψέματα, τίποτα δεν κρύβεις
άφαντος, άπιαστος
μέχρι να νιώσεις
και τότε είναι ώρα ν' αλλάξεις
και σε τρέχει η άλλη τώρα
και γίνεσαι ζογκλέρ αισθημάτων
στο σημείο εξάντλησης
αλλά δεν πειράζει
επειδή έτσι είσαι ασφαλής
και δεν είναι ότι σ' αγαπούν
είναι που δεν μπορούν να σε έχουν
γι' αυτό σ' αγαπούν

και δεν υπάρχει άλλος τρόπος ούτως ή άλλως
είσαι παγωμένος μέσα σου
εκείνο το μικρό αγόρι μπήκε εκεί για να κρυφτεί
βλέπεις, δεν λέει να βγει
στο πάτωμα, σε μια γωνιά, κουλουρωμένος
κλαίει, κλαίει
Και θα κάνει αυτούς που τον αγαπούν να πληρώσουν
Λέει πως πρέπει να πληρώσουν
Δεν είναι σίγουρος γιατί αλλά πρέπει να πληρώσουν
Για το παρελθόν, για όλα
Θα κάνει αυτούς που τον αγαπούν να πληρώσουν
Για να είναι σίγουρος, πρέπει να είναι σίγουρος
Πάγος, η καρδιά του είναι πάγος
Πρέπει να τους κάνει να πληρώσουν
έτσι ώστε να σιγουρευτεί
ότι η αγάπη δεν είναι ιδιοτελής
ή βολική ή χαρισματική
Το μικρό αγόρι θέλει να ξέρει
για να είναι σίγουρος, πρέπει να είναι σίγουρος
ότι η αγάπη είναι λευκή
όσο ο πάγος, που περικλύει τη ψυχή του

ΟΙ ΛΕΞΕΙΣ ΜΟΥ

Πριν από πολύ καιρό
όταν ήμουν άλλος άνθρωπος
και φορούσα άλλο πρόσωπο
έγραφα μικρά ποιήματα
προσπαθώντας να καταλάβω
τον εαυτό μου:

1. σε κάθε λάθος βήμα
υπάρχει ένα σωστό

2. δύο βήματα στο λάθος μονοπάτι
είναι ισότιμα με ένα στο σωστό

3. μην κακοποιήσεις τον εαυτό σου
για την ευλογία ενός λάθους

4. μετανιώνω είναι αφελής λέξη
– παρακάλα για λάθη

Αλλά όλα αυτά είναι μαλακίες
όταν οι πράξεις σου πληγώνουν
ανθρώπους για τους οποίους νοιάζεσαι

όπως εγώ νοιάζομαι για σένα

Έκλαψα πολλά δάκρυα στη ζωή μου
για όλα τα πράγματα που μου έχουν κάνει
και την ταλαιπωρία, και την θλιβερή, θλιβερή ζωή μου

Είμαι τριάντα δύο χρονών
και απόψε, για πρώτη φορά
χύνω δάκρυα για κάποιον άλλο
πόνο που προκάλεσα με τις λέξεις μου
α ναι! Τις θαυμάσιες λέξεις μου!
τις δυνατές, ναρκισσιστικές λέξεις μου
α ναι, είμαι ποιήτρια
και δεν το κάνω τόσο καλά;
μπορώ να κάνω το πλήθος
να καταρρεύσει σε ησυχία

σαν τη δική σου ησυχία

την πληγωμένη σου ησυχία

ήθελα να τρυπώσω στο τηλέφωνο
να αδειάσω με το κουτάλι τον πόνο απ' το στήθος σου
και να τον θάψω μέσα μου
όχι μόνο τον πόνο που προκάλεσα
αλλά και τον άλλο πόνο
τον πόνο που μου κρύβεις

Απόψε, τον άκουσα ξεκάθαρα για πρώτη φορά

Στο μυαλό μου υπάρχει μια εικόνα
από το άτομο που ονειρεύομαι να είμαι
Με κάνεις να θέλω να είμαι εκείνο το άτομο
Κρίμα που έπρεπε να σε πληγώσω για το καταλάβω
ή για να καταλάβω ότι νοιάζομαι, περισσότερο
απ' ό,τι νόμιζα, απ' ό,τι ήμουν ικανή

και γι' αυτό γράφω αυτό το ποίημα
μια αξιολύπητη προσπάθεια
για να τα κάνω όλα καλά
έστω κι αν η απόφαση που πήρες
ήταν στην πραγματικότητα το καλύτερο για μένα
και αποδείχτηκε ότι νοιάζεσαι
περισσότερο απ' ότι το αυτό-σαμποταριζόμενο μυαλό μου
μου επέτρεψε να πιστεύω

οπότε, στην υγειά της προσπάθειάς μου
να τα κάνω καλύτερα
στην υγειά των σκατολέξεών μου
είναι όλες τους αυτο-ικανοποιούμενες μαλακίες

Οι πράξεις μου πληγώνουν ανθρώπους για τους οποίους νοιάζομαι

Μπορούν να πληγώσουν ανθρώπους για τους οποίους νοιάζομαι

Ανθρώπους για τους οποίους νοιάζομαι

όπως νοιάζομαι για σένα

ΦΑΝΤΑΣΙΩΣΗ

γδύνεσαι γρήγορα καθώς στέκεσαι
αιτείσαι την αφαίρεση του φορέματός μου
στο οποίο με γκρίνια υπακούω
«αλλά δεν θα με γαμήσεις,» λέω
και παλεύουμε στο κρεβάτι
πιάνεις το βυζί μου, σου σπρώχνω το χέρι
και μου ρίχνεις εκείνο το βλέμμα
εξηγείς πως δεν τα θέλεις αυτά
πως θέλεις να με γαμήσεις σωστά
και παίζεις με την κλειτορίδα μου
χτυπώντας ελαφρά τη ρώγα μου με το άλλο χέρι
χαζεύοντας σιωπηλά τα μάτια μου σαν να κοιτάς τα άστρα
εναλλάσσοντας ταχύτητα και ρυθμό
μέχρι να τελειώσω παντού πάνω στο χέρι σου
κι εσύ να λες «καλό κορίτσι, καλό κορίτσι»
μετά παλεύουμε ξανά για λίγο
και προσπαθείς να βάλεις την πούτσα σου ωμή μέσα μου
με δύναμη μου ανοίγεις τα πόδια και διεισδύεις
δέρμα σε δέρμα, απαιτείς λέξεις
εξομομολογούμαι την εμμονή μου μαζί σου κλαίγοντας
στο οποίο ανταποκρίνεσαι ψιθυρίζοντας το όνομά μου
μου λες πως νομίζεις ότι μ' ερωτεύεσαι
με ρωτάς τι κάνουμε
και δεν είμαι σίγουρη, τι κάνουμε
και με γαμάς αργά
κρατώντας με σφιχτά ακίνητη
μου κάνεις πειράγματα με την πούτσα σου

λίγο μέσα, λίγο έξω
με ρωτάς αν μου αρέσει
με ρωτάς αν πραγματικά μου αρέσει
γιατί μπορείς να σταματήσεις αν δεν μου αρέσει
και σε διαβεβαιώ, μου αρέσει! μου αρέσει!
αλλά δεν είσαι τόσο σίγουρος, γι' αυτό σιγά σχεδόν σταματάς
κι εγώ σε παρακαλώ, αλλά δεν σε νοιάζει
Σε παρακαλώ γάμα με! Γάμα με!
παίρνεις μια τούφα απ' τα μαλλιά μου, φιλάς τον λαιμό μου
και είσαι μέσα μου βαθιά ξανά, κινείται μαζί και το δάχτυλό σου
και βογγάς ότι θα τελειώσεις
επειδή θα τελειώσω, θα τελειώσουμε
και ρωτάς αν το θέλω και φωνάζω
«ναι! περισσότερο απ' ότιδηποτε άλλο
σε θέλω να κολυμπάς μέσα μου»
και τελειώνουμε, τελειώνουμε, φωνάζοντας ονόματα
ναι, ναι, γαμώτο, ναι, ναι!

ΔΙΕΣΤΡΑΜΜΕΝΗ ΣΕΞΟΥΑΛΙΚΟΤΗΤΑ

Ο ενθουσιασμός μας είναι που οδηγεί στον σκοτωμό μας
Που ξέρω ότι γαμάς άλλες γυναίκες
Το σκέφτομαι μερικές φορές
εσένα να γαμάς ή να γλείφεις, το μουνί κάποιας άλλης
σκληρός, ερεθισμένος και φορτισμένος
μουρμουρώντας, να την πειράζεις, να μιλάς βρώμικα
Μόνο όταν σε βλέπω να φιλάς τα χείλη της
να της κρατάς το πρόσωπο, να της χαϊδεύεις τα μαλλιά τρυφερά
είναι που η πραγματικότητα φτάνει στο στήθος μου και με πιάνει

Μου αρέσει να φαντάζομαι εσένα να γαμάς άλλες
όταν δεν είσαι τριγύρω να γαμάς εμένα
Ξέρω ότι δεν θα σταματήσεις να τις γαμάς
και μπορεί να μην σε θέλω να σταματήσεις
γιατί αυτό μπορεί να οδηγήσει σε
ανιαρές αγκαλιές μπροστά στην τηλεόραση νύχτα με νύχτα
και θα προτιμούσα να προσθέσω λίγη ζάχαρη στο ξινό μας ξελόγιασμα
Μου αρέσει που τις γαμάς, μωρό μου
Απλά δεν θέλω να τις αγαπάς

Ο ενθουσιασμός μας είναι που οδηγεί στον σκοτωμό μας
Που ξέρω ότι δεν με γαμάς πλέον επειδή γίνομαι τρελή
σκορπώντας υβριστικά μυνήματα στη στρατόσφαιρά μας
σαν να φτύνω φωτιά
όταν δεν περάσεις να μου γαμήσεις την επόμενη δόση μέσα μου
και εμμονικά σκέφτομαι μέσα σε ποια σκύλα
βρίσκεται η πούτσα σου απόψε

Αλλά αν με γαμούσες πιο τακτικά
αυτό το πρόβλημα δεν θα υπήρχε εξαρχής

Αντί αυτού με φιλάς, με αγκαλιάζεις
μου λες πως είμαι έξυπνη και υπέροχη
και μετά εξαφανίζεσαι μέσα σε μιαν άλλη
Ανάβει το μουνί μου, πληγώνει την καρδιά μου
Ξετυλίγεις το μυαλό μου και μετά το ράβεις ξανά
αυτό το γαργαλιστικό βασανιστήριό σου

Θέλω έναν άντρα ακριβώς σαν εσένα
τον οποίο η κοινωνία και η οικογένειά μου σίγουρα θα απέρριπταν
ο οποίος θα κρατούσε τη ζωή μου ενδιαφέρον
για όσο η ύπαρξή μου θα συνεχίζεται
Θέλω να με κάνεις να νιώθω ζωντανή, για πάντα

Τις περισσότερες μέρες η σκέψη σου
με κρατά υγρή, όλη μέρα και όλη νύχτα
Μπορώ να αυνανιστώ δέκα φορές την ημέρα
φαντασιώνοντας τη γλώσσα σου μέσα στην τρύπα μου
και ποτέ δεν μου άρεσε πριν από σένα αυτό

Εύκολα θα μπορούσα να βρω κάποιον άλλο να γαμήσω
να γιατρέψω την κατάστασή μου
και όμως στέκομαι ταπεινή δίπλα σου και περιμένω
μέχρι να είσαι έτοιμος να με γαμήσεις ξανά
μέχρι να συγχωρέσεις την παραφροσύνη μου
η σκέψη ότι κρατώ τον εαυτό μου για σένα
απλώς επιδεινώνει την απολαυστική μου επιθυμία

Δεν είναι η απελπισία το κίνητρό μου
Μπορεί απλώς να θέλω τον πόνο
Μπορεί να είμαι ανίκανη να αγαπήσω χωρίς παιχνίδι
Θα έπρεπε να το γιορτάσω ή να ντρέπομαι;
Είμαι έξυπνη αρκετά να μην μπλεχτώ σε κάτι τέτοιο
Αν δεν το θέλω – αλλά το θέλω
Καλή Ελληνίδα γυναίκα έχει τρελαθεί τελείως
Ο Φρόυντ θα το συνέδεε πίσω στον κυριαρχικό πατέρα της

Αλλά δεν θέλω να πάω σε όλα αυτά
Μπορεί εκείνο να με έκανε αυτή που είμαι
Και καλύτερα να σταματήσω να αναρωτιέμαι και να το δεχτώ
Μπορεί απλώς το ότι είμαι άνθρωπος, ή απλώς εγώ
Ή απλώς, η διεστραμμένη σεξουαλικότητα

ΤΡΙΟ

Το βράδυ που ήρθες να
με δεις να διαβάζω την ποίησή μου,
αφού τελείωσα
και ήμασταν ανάμεσα στον κόσμο
είπες πως ποτέ δεν αισθάνθηκες να εξευτελίζεσαι τόσο
αλλά και να καυλώνεις μαζί την ίδια ώρα
ανάφερες, στο άσχετο καθώς μιλούσαμε
πως κάποτε έζησες σε μια σχέση τρίο

και ξανά πάλι

σταματήσαμε και

κοιταχτήκαμε

εσύ, με το προκλητικό χαμόγελό σου
εγώ, με τα έκπληκτα ελληνικά μου μάτια

Ποτέ δεν παύεις να με τρομοκρατείς και να με διαφωτίζεις

Χωριστήκαμε εκείνο το βράδυ με αγκαλιές
ένα απαλό φιλί στο λαιμό μου
και πήγα σπίτι αισθανόμενη
λίγο πιο φυσιολογική

Μη μπορώντας να σβήσω τη λέξη τρίο απ' το μυαλό μου
αυνανίζομαι συνεχώς με τη φαντασίωσή μου:

Είμαι η γυναίκα σου, η βασίλισσά σου
Είμαι η μόνη γυναίκα στην καρδιά σου
Με βάζεις πάνω απ' όλους
οι οποίοι δεν είναι παρά πιόνια στην ευχαρίστησή μας

Ένα βράδυ είμαστε έξω για φαγητό
Κρατάς το χέρι μου πάνω στο τραπέζι
Είναι ωραία γιατί, επιτέλους, είμαστε μαζί
Αισθάνομαι ασφαλής και ασφαλισμένη στη σχέση μας
Και ξέρω ότι το σεξ είναι σεξ αλλά εμείς έχουμε την αγάπη

Είμαστε ερωτευμένοι

Κατά τη διάρκεια του φαγητού μας
μου δίνεις ένα από εκείνα τα χαμόγελά σου
«Τί;» ρωτώ
μου λες πως θέλεις να γνωρίσω την κοπέλα
με την οποία πηδιόσουνα πριν δέκα χρόνια,
εκείνη με την οποία περάσατε τη φάση με το σουίνγκινγκ
«Μα ποια, τη χωρισμένη που ζει στο εξωτερικό
που μιλάς μαζί της στο ίντερνετ;»
Ξέρω γι' αυτήν. Μου μίλησες για όλες τους.
Διψάω πάντα ν' ακούω τις ιστορίες σου,
με τα μάτια κλειστά αναπνέω μέσα σου καθώς μιλάς
βιώνοντας εμπειρίες τις οποίες ποτέ μου δεν
είχα τη δύναμη να δοκιμάσω

Θα μπορούσα να γράφω για σένα για το υπόλοιπο της ζωής μου

«Ναι. Έρχεται για διακοπές.»
«Α, οκ, ναι…»
«Της έδειξα τη φωτογραφία σου. Σε βρίσκει ελκυστική.»
Κοκκινίζω. «Ναι;»
«Ναι.»

Στη φαντασίωσή μου, βγαίνουμε οι τρεις μας για φαγητό.
Μου αρέσει – είναι έξυπνη
ενδιαφέρον, παιχνιδιάρα και κάπως τρελή
Μελετώ την ομορφιά της διακριτικά.
Δεν έχω πάει ποτέ με γυναίκα
και αυτό το γνωρίζετε κι οι δυο σας.
Νομίζω θέλω να τη γαμήσω

Πίσω στο διαμέρισμά σου
δεν παίρνει ώρα πριν αρχίσεις να τη φιλάς
λέγοντας πόσο πολύ την έχεις πεθυμήσει
καθώς εγώ είμαι μόνη
στην άλλη άκρη του δωματίου
και προσπαθώ πολύ
να μην επιτρέψω στη στοργή σου για εκείνη
να τρυπώσει στην καρδιά μου, και ανάβω
αγγίζομαι, φοβισμένη, ντρέπομαι, είμαι συγχισμένη
έρχεστε κι οι δυο σας κοντά μου και μου παίρνετε το χέρι

Μπαίνοντας στο δωμάτιο αλλάζεις,
διατηρείς το ρόλο σου ως σκηνοθέτης κρεβατοκάμαρας
διατάζεις την αφαίρεση όλων των ρούχων
Είναι λεπτή, δεν έχει κάνει παιδιά
Μακάρι να έδειχνα κι εγώ τόσο καλά γυμνή
Μας δίνεις οδηγίες να ξαπλώσουμε στην πλάτη μας

και αμέσως είσαι μέσα της
αλλά είναι κρύο και θέλω αγκαλιές
εγκαταλελειμμένη και μόνη μου ξανά
όπως επιβάλλεται, στην πραγματικότητα μεταξύ μας

Παίρνεις το πρόσωπό μου στα χέρια σου,
αρχίζεις να φιλάς τα χείλη μου
μουγκρίζεις την απόλαυση μέσα μου
«Πως νιώθεις;»
Δεν μιλώ. Δεν μπορώ να μιλήσω.
«Θέλω λέξεις.»
Κουνάω το κεφάλι.
Και μετά λες πως δεν θα με γαμήσεις
ότι θα τελειώσεις μέσα της
αν δεν σου πω πως νιώθω
κουλουρώνομαι στην εμβρυακή στάση μακριά σου
Αμέσως αποσύρεσαι από μέσα της
και είσαι πάνω μου, ξετυλίγεις το σώμα μου
έτσι ώστε να βρεθώ στην πλάτη μου.

Δεν μπορώ να σε κοιτάξω στα μάτια.

Γλιστράς το δάχτυλό σου μέσα μου
«Είσαι υγρή,» μου λες.
«Θέλω να γαμήσεις εμένα, όχι αυτήν,» σου λέω.
«Ναι αλλά είσαι ερεθισμένη,» απαντάς. «Σου αρέσει.»
«Με πειράζει που δεν με γαμάς!»
«Πως νιώθεις τώρα;» ρωτάς
καθώς παίζεις, τρίβεις, κατευθύνεις το μουνί μου
κι εκεί είναι που τελειώνω, σχεδόν όλα μου τα δάκρυα

Σηκώνεσαι από πάνω μου
κάθεσαι στα γόνατά σου
«Φίλα την,» διατάζεις
αλλά εγώ ψάχνω για το σεντόνι
να καλύψω τη διστακτικότητά μου

μέχρι που κάπως βρίσκομαι δίπλα της
με το χέρι σου να σπρώχνει το πρόσωπό μου
στο δικό της, και τώρα τη φιλάω,
ζεστά, γυναικεία χείλη, και είναι γλυκά
αλλά μετά δεν αναπνέω, δεν αναπνέω
και νομίζω δεν μπορώ να το κάνω άλλο αυτό
δεν νομίζω ότι μπορώ και έτσι τραβώ μακριά ξανά
αλλά εσύ απλά πας πίσω κοντά της
και σας ακούω να συζητάτε
να σχεδιάζετε τι θα μου κάνετε
«Θα τη γαμήσω από πίσω,» λες
και μετά τις δίνεις οδηγίες να μου γλείψει την κλειτορίδα

«Δεν θέλω να με αγγίξεις,» φωνάζω
σε σπρώχνω μακριά, σας σπρώχνω και τους δυο μακριά
αλλά είσαι γρήγορος στο ν' αρπάξεις άκρα
με βάζεις στην επιθυμητή σου στάση
«Σταμάτα να παλεύεις. Σ' αρέσει.»
Δεν μ' αρέσει, αλλά μ' αρέσει, αλλά δεν το λέω
και έτσι παραδίνω την αντίστασή μου

Αισθάνομαι τόσο ωραία με τα χέρια του άντρα μου

τυλιγμένα γύρω μου, να με προστατεύουν, από τον εαυτό μου
αλλά μας νιώθω, μας νιώθω να γλιστρούμε στο σκοτάδι μας
και δεν ξέρω αν μπορώ να πάω ξανά εκεί
αλλά ξέρει, ξέρει πως να με γλείφει
«Δεν θέλω να το κάνω!»
«Φυσικά και θέλεις. Πάντα ήθελες να το κάνεις.»
«Σ' αγαπώ.»
Δεν ανταποδίδεις. Αντί αυτού ψιθυρίζεις
πως όταν τελειώσω θα τη γαμήσεις
«Όχι,» διαμαρτύρομαι, αλλά βογγάω
και ρωτάς πώς νιώθω
πώς νιώθω γι' αυτό
πως δεν θέλεις να τελειώσεις μέσα μου
θα προτιμούσες να τελειώσεις μέσα της
και λέω «όχι, όχι, όχι»
αλλά τελειώνω, τελειώνω στη σκέψη
να με κοιτάζεις στα μάτια
να βλέπω την ικανοποίησή σου, ν' αντανακλάται στον πόνο μου
και με ρωτάς αν θα με πονέσει
αλλά δεν απαντώ και απαιτείς λέξεις
λες «θέλω λέξεις, θέλω λέξεις»
και λέω, «ναι θα πονέσει»
και λες, «σου αρέσει ο πόνος, σε ανάβει
σου αρέσει ο πόνος, έτσι δεν είναι μωρό μου; Σου αρέσει.»
και φωνάζω «ναι, ναι, ναι» καθώς τελειώνω

τον οδυνηρό μου θρήνο παντού πάνω σου

στη φαντασίωση, και στην, πραγματικότητά μας

ΣΙΩΠΗ

Μέσα στη σιωπή μου βλέπω *ομορφιά*

ΑΡΧΙΖΩ ΝΑ ΜΑΘΑΙΝΩ

Με φοβίζει αλλά νομίζω ότι δεν έχω αγαπήσει ποτέ πριν
Αλλά αρχίζω να μαθαίνω πως μπορεί να είναι αυτό:

Σου δίνω χώρο επειδή αυτό είναι που χρειάζεσαι
έστω κι αν λαχταρώ την παρουσία σου σαν ηλιόφως

Πολεμώ την τάση μου να σε κατέχω
ακόμα κι όταν εξαφανίζεσαι και πονάει
Σου επιτρέπω την ελευθερία να είσαι ο εαυτός σου
και δέχομαι ότι έτσι είναι που αντιμετωπίζεις τη ζωή

Είμαι εκεί για σένα ακόμα κι όταν δεν είσαι εκεί για μένα
όχι επειδή δεν θέλεις, αλλά επειδή δεν μπορείς
και έτσι θαραλλέα μάχομαι τους δαίμονές μου μόνη μου

Δεν χρησιμοποιώ τη σεξουαλικότητά μου για να σε δελεάσω
ή για να ρίξω στάχτη στην ανασφάλεια και την οικειότητα
Αντιστέκομαι στον πειρασμό του να κάνουμε έρωτα
γιατί το να γνωρίσω τη ψυχή σου είναι πιο γλυκό

Όταν βγαίνω εκτός ελέγχου με πειθώ αφοπλίζω τον εαυτό μου
με το να σε φαντάζομαι στο ιατρείο να δίνεις αίμα
έτσι ώστε να μη φωνάζω αλλά να μιλάω στην ουσία σου

Θέλω να βρεις ηρεμία και ευτυχία
έστω κι αν αυτό σημαίνει να σε χάσω σε κάποιαν άλλη
Θα σκοτώσω τον σπόρο της παράνοιας που με πιλατεύει
να μας καθορίσω – είμαστε ακαθόριστοι

και δεν κοιτάζω για κάποιον καλύτερο –
απλώς δεν ενδιαφέρομαι αυτή τη στιγμή

Με φοβίζει αλλά νομίζω ότι δεν έχω αγαπήσει ποτέ πριν
Αλλά τώρα δηλώσεις όπως με έχεις ξεμπλοκάρει
αρχίζουν να κάνουν νόημα, και το γεγονός ότι υπάρχεις
και με σκέφτεσαι, κάνει τη ζωή μου λίγο πιο υπέροχη

Κάποιος μου είπε:
Πρέπει να αγαπάς με τον τρόπο που θέλεις να αγαπηθείς
Δεν ξέρω για πόσο θα διαρκέσουμε, αλλά αυτό είναι άσχετο
επειδή επιτέλους, νομίζω αρχίζω να το πιάνω…

ΝΑΟΣ

Το σώμα μου είναι ένας ναός
Δεν θα το διασχίσεις
Εκτός κι αν είσαι άξιος
Της Κοινωνίας μου

Υπήρξα θυμωμένη
Βεβήλωσα το πνεύμα μου
Αλλά έπρεπε να το κάνω
Για να φτάσω, εδώ

Επειδή:
Αξίζω ευτυχία. Αξίζω αγάπη
Αξίζω κάποιον που θα μου δώσει
Όσα του δίνω κι εγώ

Και τη θέλω! Θέλω αγάπη!
Α Γ Α Π Η
Θέλω να βιώσω έκσταση σε παρακμοιακά στενοσόκακα
Σε σκοτεινές γωνιές, κάτω από τα άστρα
Παντού, με τον άντρα μου
Εξερευνώντας το σκοτάδι μας και το φως μας
Και αν δεν ψάχνεις για το ίδιο πράγμα
Π Ρ Ο Χ Ω Ρ Α

Και στο μεταξύ:
Άντρες ας έρθουν, Άντρες ας φύγουν
Δεν κοιτάζω
Είμαι ευτυχισμένη μόνη μου
Και θα
Προσκυνώ
Τον δικό μου
Ναό

ΕΥΧΑΡΙΣΤΙΕΣ

Θα ήθελα να ευχαριστήσω τους γονείς μου που κρατούν ζωντανή την κυπριακή τους κληρονομιά και που μου έδωσαν δώρο την Κύπρο να την έχω δική μου για πάντα. Ευχαριστώ τη γιαγιά μου που επιμένει ότι τα πάντα είναι πιθανά με την ποίησή μου και που με εμπνέει για τη συνέχεια. Ευχαριστώ το Australia Council for the Arts (Συμβούλιο Τεχνών Αυστραλίας) που πιστεύει σε μένα και τις ιδιαιτερότητές μου ως συγγραφέα, χρηματοδοτώντας με να φτιάξω τις ταινίες μου, να βελτιώσω τη δουλειά μου και να ταξιδέψω στην Κύπρο ώστε να έρθω σε επαφή με τον κόσμο της Τέχνης εδώ. Τόσο η εμπειρία της μετάφρασης όσο και το ταξίδι μου στην Κύπρο, με βοήθησαν να αναπτύξω μια ιδιαίτερη αγάπη για την ελληνική γλώσσα. Συνειδητοποίησα ότι είμαι τυχερή που ζω και δημιουργώ ανάμεσα σε δύο λογοτεχνικές κουλτούρες. Ευχαριστώ την εκδότρια, επιμελήτρια και μεταφράστριά μου, την τελειομανή Κωνσταντίνα Ιωαννίδου, για τις μεταμεσονύκτιες μεταφράσεις, καθώς για το ρίσκο που αναλαμβάνει να εκδώσει τη δουλειά μου, πιστεύοντας σε αυτή. Είμαι σίγουρη ότι έπρεπε να βρεθούμε και να μάθουμε η μια από την άλλη. Ευχαριστώ τους εκδότες μου, Daniel Marsh και Chris Greenhough, από το Honest Publishing γιατί πίστεψαν σε μένα. Ευχαριστώ την Δέσποινα Καννάουρου για το σχεδιασμό της ελληνικής πρώτης έκδοσης. Ευχαριστώ τους Γιάγκο Αντωνίου, Μίλτο Γεωργίου, Δημήτρης Τρωαδίτη, Αντρέα Στυλιανού και όλους όσοι με βοήθησαν στη διαδικασία αυτή. Ευχαριστώ την Άννα Κανναβά και το Χρήστο Τσιόλκα για τη συνεχή καθοδήγηση.

Και τέλος
ευχαριστώ εσένα μικρή μου πριγκίπισσα για την κατανόηση και
την ανιδιοτελή σου αγάπη. Τα κάνω όλα για σένα.

ΒΙΟΓΡΑΦΙΚΟ ΣΗΜΕΙΩΜΑ

Η Κοραλία Δημητριάδη γεννήθηκε στη Μελβούρνη της Αυστραλίας από Ελληνοκύπριους μετανάστες γονείς. Γράφει ποίηση, πρόζα και πεζό όπου ανιχνεύει το φεμινισμό, το ρατσισμό, τη σεξουαλικότητα καθώς και πολιτιστικά θέματα, ενώ προκαλεί τις παραδοσιακές μορφές ποίησης διαμέσου της γραφής, της παρουσίασης, της φιλμογραφίας και της μουσικής. Η Κοραλία εργάζεται ως ανεξάρτητη συγγραφέας γνώμης για διάφορα Μέσα Μαζικής Ενημέρωσης στην Αυστραλία. Η ποιητική της συλλογή *Ποιήματα για Αγάπη και Γαμήσι (Love and Fuck Poems)* είναι το έργο με το οποίο εισήλθε στη λογοτεχνία. Το βιβλίο είναι ήδη μπεστ σέλερ στην Αυστραλία.

Διατηρεί την ιστοσελίδα www.koralydimitriadis.com.